대한민국 언론 자유의 현실

REALITY OF FREEDOM OF SPEECH IN KOREA

이 책은 2023년 12월 25일에 초고를 마쳤다. 따라서 이 책은 초고 이전까지의 언론 자유 현황과 사회 현상을 다루고 있음을 밝힌다. 한편, 2024년 4월 10일, 22대 총선을 앞두고 정치인들의 탈당과 창당이 이어졌는데, 이 책은 그 과정에서 바뀐 정치인들의 소속을 별도로 표시하지 않았다. 즉, 책 속에 등장하는 일부 인물의 소속 등의 정보는 2023년 말, 기준임을 밝힌다.

대한민국 언론 자유의 현실

REALITY OF FREEDOM OF SPEECH IN KOREA

윤석열 정부 2년, 언론의 자유 인식과 실태

이정기 지음

이담북스

언론 자유는 권력자의 언론 통제의 자유가 아닌 권력 비판의 자유다

이 책은 1년 만에 다시 나오게 된 윤석열 정부의 언론 자유 비평서다. 표현의 자유는 필자의 관심 연구 영역 중 하나다. 누구나 자유롭고, 당당하게 자신의 의견을 표현할 수 있는 세상을 꿈꾸기에 관련 연구 활동을 꾸준히 진행하고 있다. 특히 필자의 관심은 권력을 가진 자들로부터 사회적 약자의 표현이 위축되지 않을 수 있는 환경을 구축하는 데 있다. 힘 있는 세력의 자유를 위해 소수자, 사회적 약자의 표현이 위축되는 것은 다양성이 존중되어야 하는 민주주의의 가치를 훼손하는 일이라고 생각한다. 따라서 표현의 자유는 천부인권 영역에서 다루어져야 할 문제이며, 결코 정치적으로 논의되어서는 안 된다고 생각한다. 그러나 안타깝게도 오늘날 표현의 자유는 대체로 정치적인 측면에서 논의되어 왔다.

정도의 차이가 있을지언정 대체로 보수 정권(국민의힘 계열의 정권)에서는 자유주의 세력과 진보 세력이 표현의 자유 확장을 주장하고, 자유주의 정권(더불어민주당 계열의 정권)에서는 보수 세력이 표현의 자유 확장을 주장하는 웃지 못할 일이 반복되는 것이다(이정기, 2023). 수십 년 동안, 자유주의, 진보 세력과 보수 세력이 표현의 자유를 나누어 향유하고, 위축되기가 반복되고 있는 가운데 사회적 약자와 소수자들의 표현의 자유는 괄목할 만한 성장을 보이지 못했다는 것이 필자의 판단이다.

이러한 상황 인식 아래 필자는 각 정권과 정치권력의 표현 자유 문제를 비평하고, 나름의 대안을 모색하기 위한 책을 꾸준히 써왔다. 예컨대 2016년 6월 25일에는 이명박, 박근혜 정권 시기의 표현 자유 현황을 비평한《대한민국 표현 자유의 현실 1》이라는 책을 선보였고, 2020년 12월 15일에는 문재인 정권 시기의 표현 자유 현황을 비평한《대한민국 표현 자유의 현실 2》라는 책을 선보였다. 그리고 2023년 7월 15일에는 윤석열 정권 1년간의 표현 자유 현황을 비평한《대한민국 표현 자유의 현실 3》이라는 책을 선보였다. 표현의 자유를 연구하는 학자로서 자유주의/진보, 보수 정권을 막론하고 표현의 자유를 정치적으로 활용하려는 세력을 비평하는 것은 가치 있는 일이라고 생각했다. 그 때문에 필자는 때로 "도대체 너는 어떤 세력을 지지하나?"는 비판을 받기도 했다. 대답은 언제나 같다. "나는 인권을 지지하는 정치 세력을 지지한다." 앞으로도 인권의 영역에 있어야 할 표현의 자유를 정치적으로 해석하여 독점하려는 정치 세력이 있다면 어떤 정권이 됐든 비평할 생각이다.

2023년 7월, 《대한민국 표현 자유의 현실 3》이라는 윤석열 정권 표현의 자유 비평서가 출판된 지 1년이 채 지나지 않은 시점에 윤석열 정권의 언론의 자유 현황을 비평한 저서를 출간하게 됐다. 윤석열 정부의 표현 자유, 언론 자유가 그 어느 시기보다 위기라고 인식하고 있기 때문이다. 윤석열 정부 출범 후 1년이 지난 시점에 출판된 《대한민국 표현 자유의 현실 3》이 대선후보 윤석열과 대통령의 표현의 자유 인식에 상당한 괴리가 있음을 비평한 책이라면, 이번 책은 임기 중반에 이르고 있는 윤석열 정부의 언론 정책이 언론 자유를 위축시키고 있음을 비평하기 위한 책이다. 필자는 언론의 자유가 언론사의 자유가 되어서는 안 된다고 생각한다. 마찬가지로 언론의 자유가 권력을 가진 자의 언론 통제를 위한 자유가 되어서도 안 된다고 생각한다. 언론의 자유는 시민의 자유로운 표현의 자유여야 하고, 권력 비판의 자유여야 한다.

언론인의 윤석열 정부 언론 자유 인식

2023년 8월과 11월, 언론인이 윤석열 정부 언론 자유를 어떻게 인식하고 있는지 보여주는 2건의 조사가 발표됐다. 첫째, 한국기자협회의 조사 결과다. 한국기자협회(2023.08.15.)가 2023년 7월 27일부터 8월 7일까지 언론인 994명을 대상으로 진행한 조사 결과(마이크로밀엠브레인에 의뢰)에 따르면, 기자의 85.1%는 윤석열 정부가 대언론 소통을 잘못하고 있다고 평가했고(매우 잘못 52.8%, 잘못하는 편 32.3%), 63.2%가 전임 문재인 정부와 비교할 때, 윤석열 정부의 취재·보도·편집 등 언론 활동이 자유롭지 않다고 평가했다. 언론 활동을 부정적으로 평가한 기자는 그 이유를 언론사에 대한 압박(68.5%), 기자에 대한 유무형의 압박(고소, 고발, 출입 제제 등)(64.5%), 언론과의 소통 부족(64.2%), 무리한 언론 정책 추진(59.6%), 언론 유관 기관에 대한 압박과 업무 자율성 침해(45.7%), 부적절한 인사 임명 감행(43.5%) 등으로 꼽았다(김달아, 2023.08.15.).

둘째, 문화체육관광부 산하 한국언론진흥재단의 조사 결과다. 한국언론진흥재단(2023.11.30.)이 2023년 7월 5일부터 10월 6일까지 기자 2,011명을 대상으로 진행한 '제16회 언론인 의식조사'의 결과에 따르면, 응답자들은 취재 활동 시 자유도를 5점 척도(1: 전혀 자유롭지 않다, 5: 매우 자유롭다) 기준 3.71점으로 평가했다(한국언론진흥재단, 2023.11.30., 97쪽). 이는 2021년 조사 당시의 언론의 자유도 3.44점에 비해 조금 상승한 수준(한국언론진흥재단, 2021.12.31.)으로 언론인이 체감하는 윤석열 정부 시기의 언론의 자유도가 문재인 정부 언론의 자유도가 조금 높아졌다는 것을 의미한다. 주목할 만한 점은 언론인이 인식하는 언론의 자유를 직, 간접적으로 제한하는 요인이다. 이 결과에 따르면 사주/사장에 의한 제한 요인은 2021년 43.4%에서 2023년 41.5%, 편집/보도국 간부에 의한 제한 요인은 2021년 47%에서 2023년 41%, 독자/시청자/네티즌에 의한 제한 요인은 2021년 21.9%에서 2023년 14.4%, 시민단체에 의한 제한 요인은 2021년 12.2%에서 2023년 8.6%로 줄어들었다. 그러나 광고주에 의한 제한 요인은 2021년과 2023년 모두 62.6%로 동일했고, 정부나 정치권에 의한 제한 요인은 2021년 32.4%, 2023년 50%로 무려 17.6% 상승했음을 확인할 수 있다(한국언론진흥재단, 2023.11.30., 98쪽).

이상의 결과는 언론인들은 윤석열 정부에 의해 언론의 자유가 직, 간접적으로 제한되는 정도가 크다고 인식하고 있으며, 윤석열 정부의 언론 자유 인식을 이전 정부(문재인 정부)의 언론 자유 인식에 비해 부정적으로 평가하고 있음을 보여준다. 또한 대한민국 언론의 자유 수준을 한 단계 더 높이기 위해서는 언론에 대한 윤석열 정부의 인식 변화가 필요하다는 점을 보여준다. 윤석열 정부는 인수위 시절부터 '자유'의 가치를 중시한다고 주장해 왔다(이정기, 2023). 그런데 언론사 기자의 상당수는 윤석열 정부에서 언론 자유가 제한되고 있다는 인식을 표명했다. 자유에 대한 대통령과 언론인의 이와 같은 인식의 괴리는 언제쯤 좁혀질 수 있을 것인가.

언론 자유를 중시한다는 윤석열 정부와
윤석열 정부의 언론 자유에 대한 국제 사회의 우려

윤석열 대통령은 후보 시절부터 언론의 자유와 소통의 가치를 강조해 왔다. 대통령이 된 이후에도 이러한 생각에는 변함이 없는 것으로 보인다. 예컨대 윤석열 정부의 대통령실은 "정부는 언론의 자유를 가장 중요하게 여기며, 이를 지키기 위해 최선을 다하고 있다"라며 "이는 강력한 민주주의의 핵심 가치"라고 주장한 바 있다(Gallo & Lee, 2023.12.07.). 그러나 미국과 UN 자유권위원회 등의 대한민국에 대한 언론 자유에 대한 평가는 윤석열 정부의 인식과는 상당한 차이가 있는 것으로 보인다.

예컨대 미국 연방정부가 운영하는 미국 최대의 국제방송국 미국의 소리(VOA: Voice of America, 2023.12.07.)에 따르면 윤석열 정부 집권 18개월간 정부와 집권 여당은 11건의 언론 대상 명예훼손 소송을 제기했는데, 이는 진보 정부인 문재인 정권 5년간 4건의 소송, 박근혜 정권 4년간 8건, 이명박 정권 5년간 7건에 비해 많은 것이었다. 아울러 미국의 소리는 윤석열 정부 시기에 언론인의 집과 사무실에 대한 압수수색이 최소 6번 이루어졌으며, 이는 언론의 자유 옹호자에게 언론 위축효과를 이끌어 내는 원인으로 비판받고 있다고 소개했다. 또한 미국의 소리는 한국의 경우 명예훼손법을 형사 범죄로 규정하여 최대 7년의 징역형을 선고할 수 있는 제도가 있고, 진실을 진술하는 것이 범죄로 간주할 수 있는 현실, 기소만으로도 상당 기간 큰 비용을 써서 소송에 임해야 하는 현실 등의 (언론의 자유 관련) 구조적 문제를 가지고 있다고 평가했다(Gallo & Lee, 2023.12.07.). 한국의 언론 자유 현실을 긍정적으로 평가하지 않은 것이다.

한편, 2023년 11월 3일, 유엔 자유권위원회(UNHRC: United Nations Human Rights Committee)가 발표한 대한민국의 제5차 "시민적·정치적 권리에 관한 국제규약" 국가보고서 심의 결과에 대한 최종 견해는 미국의 소리(VOA)와 비슷한 우려의 목소리를 내고 있다. 유엔 자유권위원회는 2023년 10월 19일과 20일에 개최된 회의(4,054차, 4,055차)에서 대한민국 5차 정기보고서를 심의했고, 10월 30일에 개최된 4,068차 회의에서 최종 견해를 채택했다. 주요 우려 사항 및 권고(표현의 자유) 부분에서 자유권위원회는 "정부, 기업의 이해관계에 비판적인 견해를 표명한 언론인이 형사기소를 당하는 현실, 고위 공직자와 선출직 공무원이 자신을 비판하는 언론인을 대상으로 형사고소를 지속하는 현실에 우려"의 목소리를 냈다. 또한 명예훼손죄를 비범죄화하려는 조치가 없는 점, 형법에 따라 명예훼손에 대해 최대 7년의 징역형이 적용될 수 있다는 점, 국가보안법(특히 7조)과 명예훼손죄가 한국의 표현 자유에 미치는 위축효과에 대해 지속적인 우려의 목소리를 냈다. 위원회는 형사법이 언론인이나 반대 목소리를 침묵하게 하는 데 활용될 수 없게 보장해야 한다는 의견도 표했다(오픈넷, 2023.11.07.).

이밖에 2023년 10월 30일, 국제사무직노동조합연대(UNI Global Union) 미디어엔터테인먼트분과는 전국언론노동조합과 공동 주최한 기자회견에서 "언론을 적으로 만들고 표현의 자유를 훼손하고 비판 보도를 침묵시켜 지지율을 높이려는 한국 정부의 언론 정책은 아시아에서 민주주의의 모델이

되어온 한국 민주주의의 쇠퇴를 예고하고 있다"고 주장했다 (전국언론노동조합, 2023.10.30.). 이날 회견에 참여한 국내 언론인들은 가짜뉴스 척결이라는 명분으로 한 국가 검열의 부활(윤창현 언론노조위원장), 비판 언론인에 대한 고소·고발, 압수수색(김동훈 기자협회장), 수신료 분리 징수, YTN 사영화, 공영방송 경영진 교체(강성원 KBS 본부장) 등(고성욱, 2023.10.30.)을 윤석열 정부 시기의 언론의 자유 침해 사례로 꼽았다.

이처럼 2023년 하반기에만 유엔 자유권위원회 등의 국제기구, 국제사무직노동조합연대, 전국언론노동조합 등의 국내외 노동조합, 미국의 소리 등의 해외언론이 윤석열 정부의 언론 자유에 대해 대동소이한 우려의 목소리를 냈다. 이는 미국 국무부(2023.03.20.)가 발간한 '2022 국가별 인권 보고서' 한국판 평가에서의 한국 언론 자유 비판, 프리덤하우스(2023.03.09.)가 발간한 '세계 언론 자유 보고서'와 국경 없는 기자회(2023.05.03.)가 발간한 '2023 세계 언론 자유 지수'에서의 한국 언론 자유 비판 논거와 매우 유사한 것이었다(이정기, 2023, 20~26쪽).

이 책의 구성과 활용

표현의 자유는 인권이다. 필자는 《대한민국 표현 자유의 현실》 시리즈 3권(이정기, 2016; 2020; 2023)과 《위축효과》 (2021)란 책을 통해 표현의 자유가 정치공학적으로 고려되어서는 안 되며, 인권의 영역에서 고려되어야 한다고 주장해 왔다. 보수 정권이 집권했을 때, 그 정권을 지지하지 않는 자유주의, 진보 성향을 가진 사람들의 표현이 위축되는 상황, 자유주의 정권이 집권했을 때, 보수, 진보 성향을 가진 사람들의 표현이 위축되는 상황은 없어야 하기 때문이다. 아울러 필자는 표현의 자유(특히 소수자들의 표현, 공인을 향한 비판적 표현)를 제한할 수 있는 표현은 제한될 필요가 있다고 주장해 왔다. 즉 필자가 집필한 책들은 "어떠한 정권에서라도 고위 공직자, 정치인, 기업인 등 공적 인물(공인)에 대한 표현이 위축되어서는 안 되며, "각종 혐오 표현을 자율 규제와 차별금지법 등으로 제한함으로써 소수자들의 표현의 자유가 위축되지 않는 환경"을 구축할 필요가 있다는 공통된 전제를 가지고 있다 (이정기, 2016; 2020; 2021; 2023). 이 책 역시 필자가 견지해 온 책들의 전제를 따르고 있다. 다만, 이 책은 이전 책들과 달리 언론의 자유 영역에 집중하고 있다. 언론의 자유가 권력자(공인)의 언론 통제의 자유가 아니라 권력 비판의 자유여야 한다는 전제 아래 사례를 중심으로 윤석열 정부와 집권 여당(주요 인사)의 언론 자유 인식을 살펴보고, 언론 자유를 확장하기 위한 과제가 무엇인지에 대해 정리하고자 한 것이다.

이 책은 12개 장으로 구성됐다. 1장은 '공영방송 KBS의 수난과 정치적 후견주의'를 다루었다. 구체적으로 KBS 사장 후보 박민에 대한 국회 인사청문회 채택 불발과 대통령의 재가, 그 후 발생한 시사 프로그램의 연이은 폐지, 진행자의 하차 사례를 제시한 후 공영방송의 정치적 후견주의와 편향성을 비판했다. 2장은 '내로남불 시스템으로의 회귀: 방송 3법 개정안의 좌절'을 다루었다. 구체적으로 방송 3법 개정안의 취지와 내용, 그리고 법안에 대한 평가에 관해 설명하고, 대통령의 거부권 행사와 그 이유, 그로 인한 정부와 집권 여당 친화적 공영방송 시스템이 지속될 수밖에 없는 한계에 대해 비판했다. 3장은 '윤석열 정부의 방송통신위원회 위원장 임명과 탄핵 논란'을 다루었다. 방송통신위원회의 기능과 대통령과 여당 친화적 인물이 다수를 점할 수밖에 없는 방송통신위원회 위원 구성의 문제점, 윤석열 대통령이 임명한 방송통신 위원장 임명 논란, 이동관 위원장 탄핵 논란 등을 정리했다. 그리고 방송통신위원회 위원 구성에도 정치적 후견주의가 개 입될 수밖에 없는 현실을 비판했다. 4장은 '방송통신심의위 원회의 뉴스타파와 인용 방송사 심의 논란'을 다루었다. 구체 적으로 방송통신심의위원회의 심의위원 임명 구조의 정치적 편향성에 대해 정리했다. 그리고 뉴스타파의 김만배 녹취록 보도에 대한 방송통신심의위원회의 심의와 뉴스타파 보도를 인용해 보도한 방송사 심의와 과징금 결정 내용과 비판의 목 소리를 정리했다. 5장은 '방송통신심의위원회 위원장의 민원 사주 의혹과 공익신고자 고발 논란'을 다루었다. 구체적으로 방송통신심의위원회 위원장의 민원 사주 논란의 개념과 이 논란에서 쟁점이 되고 있는 공익신고자 보호법과 개인정보보 호법에 대해 정리했다. 그리고 공익신고의 어려움과 활성화 를 위한 방안이 무엇인지에 대해 정리했다. 6장은 '방송통신 위원회의 방송문화진흥회 이사 해임과 법원의 판단'에 대해 다루었다. 구체적으로 문재인 정권의 방송통신위원회가 임명 한 방송문화진흥회 이사에 대한 비판과 윤석열 정권 방송통신위원회의 야권 성향 이사진 해임 논란 과정에서의 비판 논리가 일관적이지 않은 현실을 제시하고, 정치적 후견주의를 극복하기 위한 논리의 일관성, 비판의 일관성의 필요성을 논했다. 7장은 '정부가 주체가 된 가짜뉴스 퇴출과 팩트체크 논란'에 대해 다루었다. 구체적으로 윤석열 대통령의 가짜뉴스에 대한 인식과 팩트체크의 주체로 나선 윤석열 정부의 모습을 제시한 후 윤석열 정부의 가짜뉴스와의 전쟁에 대한 평가를 비판적으로 소개했다. 8장은 '언론에 대한 검찰의 압수수색과 언론의 자유 위축'에 대해 다루었다. 구체적으로 2023년 이후 언론에 대한 검찰의 압수수색 사례를 제시한 후 압수수색 영장 사전심문제 도입 논의, 공인 대상 명예훼손의 문제 개선의 필요성과 같은 언론사 압수수색을 통한 위축 문제를 해결하기 위한 방법을 제시했다. 9장은 '취재 거부의 자유가 훼손하는 언론의 자유'에 대해 다루었다. 구체적으로 취재 거부 자유의 역사를 정리하고, 대구MBC의 대구시 비판 보도와 대구시의 대구MBC 취재 거부 사례를 정리했다. 그리고 공인의 명예권과 시민의 알권리가 충돌하는 사안에 대한 의견을 제시했다. 10장은 '페이스북의 정치적 표현 검열과 과제'에 대해 다루었다. 구체적으로 페이스북에서 발생한 홍범도 장군에 관한 이동순 교수의 '시' 삭제 사건, 페이스북 포스팅 삭제에 대한 지식인들의 비판과 유사 사례에 대해 정리한 후 페이스북 검열을 최소화하기 위한 방법이 무엇인지에 대해 정리했다. 11장은 '또 다른 언론의 자유 관련 이슈: 더불어민주당의 언론 자유 인식'에 대해 다루었다. 구체적으로 윤석열 정부에서 언론 자유 수호자를 자임하는 더불어민주당의 언론의 자유 인식 역시 완전하지 않음을 지적한 후 정권을 창출한 정당의 일관적인 언론의 자유 인식의 필요성에 대해 논했다. 12장은 '그들의 반쪽짜리 언론 자유를 완전한 언론 자유로 돌려내기 위한 과제'에 대해 정리했다. 구체적으로 1-11장 내용에 기반하여 한국 사회의 공인 대상 언론 자유를 확장하기 위한 전략을 종합적으로 제시했다.

이 책은 윤석열 정부의 언론 자유 인식을 직, 간접적으로 보여주는 최근 사례를 제시하고 있다. 이 책에는 국민의힘(대표, 대변인, 의원 등)의 과거 언론 관련 발언을 인용해 현재 윤석열 정부의 언론 인식을 비판한 사례가 빈번히 등장한다. 그러나 이 책은 윤석열 정부의 언론 자유 인식만을 비판한 책이 아니다. 내로남불적 언론관을 가진 모든 정치 세력을 비판한 책이고, 언론 자유를 권력 비판의 자유가 아닌 언론 통제의 자유로 인식하는 모든 정치 세력을 비판한 책이다. 이 책의 독자들이 정권 획득 여부에 따라 달라지는 변화무쌍한(?) 정치인의 언론 자유 인식을 명확하게 이해하고, 공인에 대한 비판을 허용하지 않거나 제한하는 방식, 위축효과를 유발하는 방식의 언론 자유는 거짓이라는 점을 명확히 이해할 수 있게 되길 기대한다.

목차

공영방송 KBS의 수난과 정치적 후견주의

KBS 이사회의 김의철 사장 해임제청안 의결과 대통령의 재가

KBS 이사회는 여권 인사 7명과 야권 인사 4명으로 구성된다. 그러나 야권 추천 이사인 윤석년 이사와 남영진 이사장이 해임되고, 그 자리를 여권 추천 이사(서기석 이사장, 황근 이사)가 담당하게 됨으로써 여권 이사와 야권 이사의 구도는 6:5가 되었다. 2023년 9월 12일 개최된 KBS 이사회에서 여권 추천 이사 6명 전원(서기석, 권순범, 김종민, 이석래, 이은수, 황근)이 찬성하여 문재인 정부에서 임명된 김의철 사장에 대한 해임제청안이 의결됐다. 야권 이사 5명은 표결을 거부하고 퇴장했다(김기범, 2023.09.12.). 김의철 사장에 대한 해임제청안은 대통령에 의해 곧바로 재가됐다. 해임제청 사유는 "1) 무능 방문 경영으로 인한 심각한 경영 위기 초래, 2) 불공정 편파방송으로 인한 대국민 신뢰 상실, 3) 수신료 분리 징수 관련 직무유기와 리더십 상실, 4) 편향된 인사로 인한 공적 책임 위반, 5) 취임 당시 공약 불이행으로 인한 대내외 신뢰 상실, 6) 법률과 규정에 위반된 임명동의 대상 확대 및 고용안정위원회 설치" 등 6가지다(노지민, 2023.09.14.).

이에 대해 야권 추천 이사 5명(김찬태, 류일형, 이상요, 정재권, 조숙현)은 "여섯 가지의 해임 사유 또한 하나같이 합리적 근거와 타당성을 결여하고 있다"면서 "특히 몇몇 사유는 역대 사장의 해임 취소 소송에서 법원이 '해임 사유가 될 수 없다'고 결론 내린 것과 판박이"라는 입장문을 발표했다(KBS, 2023.09.12.). 그리고 김의철 사장은 "정권이 교체될 때마다 민주적 여론 형성 및 국민문화의 향상을 도모하는 한국방송공사를 흔들어 방송을 좌지우지하려는 이러한 시도가 지속해서 발생할 경우, 언론의 자유나 한국방송공사의 정치적 독립은 보장될 수 없다"며 "정권과 관계없이 한국방송공사 사장이 자신의 임기를 마칠 때까지 공사의 업무를 총괄하여 수행하는 것이 방송의 발전과 공공복리 증진에 도움이 되는 것"이라는 의견을 표명했다(노지민, 2023.09.14.). 또한 전국언론노동조합은 'KBS 사장 해임 사유는 바로 윤석열 대통령이다'라는 성명서를 통해 "또다시 공영방송의 정치적 후견주의가 확인됐다"며 "정권교체-공영방송 사장 해임이라는 악순환이 도대체 언제까지 계속될 것인지 참담하다"는 의견을 표명했다. 아울러 "김의철 사장 해임 의결은 전국언론노동조합이 30여 년에 걸쳐 요구했던 공영방송의 정치적 독립이 왜 필요한지 다시 한번 증명해 준 사태"라며, "방송법 등 개정안만이 이 악순환의 고리를 끊어낼 유일한 방법"이라고 말했다(전국언론노조 KBS본부, 2023.09.12.).

KBS 사장 후보 박민에 대한 국회 인사청문회 채택 불발과 대통령의 재가

2023년 9월 20일, KBS 이사회는 신임 사장을 선임하기 위한 공모(9월 21일~25일) 절차에 돌입했다. KBS 사장은 1) 서류 전형(9월 27일)을 거쳐 후보 3명을 결정하고, 2) 면접 심사(10월 4일)를 거쳐 후보자가 확정되면, 3) 이사회가 사장 임명을 제청하고, 4) 국회 인사청문회를 거쳐, 5) 대통령이 재가하는 형태로 선임된다. 야권 이사들은 2018년과 2021년 KBS 사장 선임 당시 도입했던 '시민참여단 평가'를 도입하자는 의견을 제시하고, 시청자위원회와 사원 대상 사장 후보자 설명회 등의 절차 도입을 요구했으나 여권 이사 6명의 반대로 무산됐다(박지은, 2023.09.20.).

한편, 2023년 10월 13일, KBS 이사회는 박민(전 문화일보 논설위원, 전 법조언론인클럽 회장)을 26대 KBS 사장 후보로 임명을 제청했다. 국회 과학기술정보통신위원회는 2023년 11월 7일, 박민 KBS 후보에 대한 인사청문회를 진행했다. 인사청문회에서 한편, 박민 후보는 KBS 신뢰 상실의 이유를 "거의 의도적인 혹은 사실관계를 제대로 확인하지 않은 불공정 보도, 편파보도라고 생각"한다는 의견을 밝혔다(이다현, 2023.11.07.). 한편, 후보 시절 그는 "KBS 편파성에 대한 대국민 사과, 수신료 분리 고지에 따른 인력 구조조정, 제작비 축소, 지역국 통폐합, 자산매각" 등을 공약으로 내놓은 바 있다(송창한, 2023.09.27.). 또한 문화일보 논설위원 시절 그는 '윤석열 정부가 성공하는 길'이라는 칼럼을 통해 "문재인 정부가 정권 재창출에 실패한 것은 자유민주주의와 자본주의·시장경제라는 대한민국 정체성을 부정했기 때문"이라며 문재인 정부를 비판했고, "(기득권 정치인들에게) 정치적 빚도 없고 향후 이들과 정치적 운명을 함께할 가능성이 없는 윤 대통령이야말로 정치개혁의 적임자"라며 윤석열 정부에 대한 긍정적 시각을 나타낸 바 있다(박민, 2022.12.23.). 그리고 '창조적 파괴자 윤석열의 숙명'이라는 칼럼을 통해서는 윤석열 대통령이 "'87년 체제' 이후 35년간 적대적 공생 관계를 유지해온 좌우 정권을 모두 무너뜨린" 창조적 파괴자라며 인적 쇄신으로 "내년 총선에서 과반의석을 확보"해야 한다고 주장했다(박민, 2023.07.21.). 그가 KBS의 보도, 야당에 대한 노골적인 반감과 여당과 대통령에 대한 긍정적 인식을 가지고 있음을 확인케 하는 부분이다.

한편, 박민 후보는 여야 청문위원 간 견해 차이로 국회 인사청문 경과보고서 채택이 불발됐다. 그럼에도 윤석열 대통령은 2023년 11월 12일, 박민 신임 KBS 사장 임명안을 재가했다. 이에 따라 박민 사장은 2024년 12월 9일까지의 임기를 시작하게 됐다. 박민 사장은 윤석열 정부에서 국회 인사청문 경과보고서 채택 없이 임명된 19번째 고위직 인사로 기록됐다(유정인, 2023.11.12.). 박민 사장은 11월 13일 취임식에서 KBS는 "공정과 공익, 공영의 가치보다 정파성과 정실주의를 앞세웠다"며 "공영방송을 개인이나 집단의 이념이나 소신을 실현하는 곳으로 생각하는 분은 앞으로 설 자리가 없을 것"이라고 말했다(강푸른, 2023.11.13.).

시사 프로그램의 연이은 폐지, 진행자의 하차

박민 사장의 취임 전후로 〈주진우 라이브〉, 〈더 라이브〉 등 각종 시사 프로그램 진행자가 교체되는 일이 발생했다. 먼저, 2023년 11월 12일, KBS1라디오 〈주진우 라이브〉의 진행자 주진우 기자가 하차 통보를 받았다. 11월 15일, KBS PD협회 라디오 구역 PD 76명은 "임기 시작 전, 발령문조차 뜨지 않은 시점에서 김병진 당시 센터장 내정자는 아무런 권한이 없는 '무자격' 신분으로 업무 지시(주진우 하차 통보)를 했고 편성 변경을 시도"했다며 이는 편성규약 제6조 2항 "취재 및 제작 책임자는 방송의 적합성 판단 및 수정과 관련하여 실무

자와 성실하게 협의하고 설명해야 한다." 등을 위반한 것이라고 주장했다(엄재희, 2023.11.16.).

그리고 11월 13일에는 KBS2TV 시사교양 프로그램 〈더라이브〉가 편성에서 제외됐다. 2023년 11월 14일, 더 라이브 제작진은 '편성책임자는 답변하라'는 입장문을 통해 "시청자들에게 양해를 구하기 위해 아무리 문의해 봐도 '방송사 사정'이라는 것이 (더 라이브 결방 사태) 이유의 전부"라며 "편성규약과 단체협약을 정면으로 위반하면서 진행된 결방 결정, 이 과정에서 규정 위반 사실을 전혀 인지하지 못했는가? 인지하고도 그냥 무시한 것인가?"라고 비판했다(박서연, 2023.11.15.). 〈더 라이브〉는 한국갤럽이 11월 14일부터 3일간 진행된 조사에서 한국인이 선호하는 TV 프로그램에서 전체 4위에 선정된 바 있다(김광일, 2023.11.02.).

한편, KBS1라디오 〈최경영의 최강시사〉를 진행하던 최경영 기자는 10월 27일, 〈홍사훈의 경제쇼〉를 진행하던 홍사훈 기자는 11월 3일에 각각 프로그램 하차와 KBS를 퇴사하겠다는 의견을 표명했다. 또한 KBS1TV 시사토크쇼 〈사사건건〉 앵커 이재석 기자는 11월 10일 하차를 통보받은 후 23일

인사에서 시청자센터 시청자사업부로 발령받았다. 그는 당일 사표를 제출하고, 12월 12일 퇴사했다. 최경영 기자는 최강시사 마지막 방송에서 "그들이 정한 스케줄에 따라서 독립적인 공영방송 언론인의 삶의 시간표가 결정되는 것을 원치 않는다. 사회적으로 공분할 사안에 제대로 공분하지 못하는 퇴행적 언론 상황에도 큰 문제의식을 갖고 있다"고 말했다(임병도, 2023.11.06., 재인용). 그리고 홍사훈 기자는 마지막 방송에서 "지금의 언론에도 무엇보다 가장 필요한 건 이런 용기가 아닐까 생각된다"며 "군사독재를 한국 사회와 한국 경제가 견디고 이겨낼 수 있었던 것도 따지고 보면 몇몇 언론의 말할 수 있는 용기가 있었기 때문"이라며 현재의 정치 상황과 언론 지형을 비판했다(노지민, 2023.11.03.). 아울러 이재석 기자는 자신의 페이스북에 "지금 KBS에선 어떤 최소한의 절차적 합리성이나 절제의 미덕을 발견하기 힘들다"며 "현 정부가 들어선 이후 언론계 전반에서 벌어지는 퇴행에서도 마찬가지로 목도할 수 있는 풍경인지도 모른다"고 비판했다(노지민, 2023.12.12.). 이 밖에 박민 사장 취임 직후 KBS1TV 〈뉴스9〉를 진행했던 이소정 앵커 등이 교체 통보를 받았고, KBS1라디오 〈열린토론〉의 진행자 정준희 교수가 2023년 11월 17일 방송을 마지막으로 하차하는 등 방송 진행자가 교체되거나 하차하는 상황이 지속됐다.

공영방송의 정치적 후견주의와 편향성

여당 추천 KBS 이사의 결정에 따라 김의철 사장이 해임됐고, 박민 사장이 임명됐다. 박민 사장은 대통령과 여당 친화적 논조의 칼럼을 써온 신문인이었다. 그는 국회 인사청문 경과보고서가 통과되지 않았음에도 대통령의 의지로 임명됐다. 대국민 기자회견을 통해 "공영방송의 핵심 가치인 공정성을 훼손하면서 국민의 신뢰를 잃어버린 상황에 깊은 유감을 표한다"(남유정, 2023.11.14.)라고 말한 박민 사장은 여당으로부터 불공정 보도라고 지적받았던 시사보도 프로그램을 폐지하거나 방송인을 사실상 퇴출시켰다. 일부 방송인들은 이러한 상황을 비판하며 퇴사하거나 자진해서 사퇴하기도 했다. 한편, 박민 사장 체제의 KBS에 대한 여론도 긍정적이지 않은 편이다. 예컨대 미디어토마토가 11월 18일부터 19일까지 성인 1,018명을 대상으로 조사한 결과에 따르면 KBS의 상황이 '공영방송 정상화'라는 의견은 29.5%에 불과했다. 응답자의 52.8%는 '정권 차원의 방송장악 시도'라고 평가했다. 진보층에서는 무려 81.4%, 보수층에서도 57.8%가 KBS의 상황이 방송장악 시도라고 응답했다(고성욱, 2023.11.21.). 더불어민주당 등 야당과 전국언론노동조합, 그리고 민주언론시민연합 등 시민단체, 한겨레 등 일부 언론사를 중심으로 KBS의 '땡윤뉴스'화에 대해 우려하는 상황이기도 하다.

사실 충분히 예상할 수 있는 문제였다. 윤석열 정부가 정권을 창출했을 때, 논공행상 차원에서 정권 창출에 공이 있는 (혹은 정권과 코드가 맞는) 인사를 요직에 앉히고, 공영방송 이사와 사장으로 정권 친화적 인사를 임명해 보도가 한쪽으로 편향될 수밖에 없는 상황, 그리고 야당과 언론인, 시민사회단체가 정권의 언론 자유 탄압을 비판하는 상황을 그리지 않은 사람은 많지 않았을 것이다. 너무나 익숙한 상황이기 때문이다.

정도의 차이가 있을지언정 이러한 상황은 자유주의/범진보 세력이 정권을 창출했을 때도 다르지 않았다. "정권이 바

꾀면 옛 여권 이사를 찍어내고 그 자리에 친정부 인사를 앉혀 이사회를 여당 우위로 재편한 뒤 사장을 교체하는 일"(이종규, 2023.09.11.)은 정권을 바뀌며 되풀이되어 왔다. 정치 권력이 인사권을 무기로 공영방송의 정치적 후견인의 역할을 자임하고, 피후견인인 공영방송은 정권 친화적 보도로 보답하는 이른바 '정치적 후견주의'가 반복될 수밖에 없는 구조에서 KBS의 편향성은 너무나 뻔한 일이었다. 이러한 문제의식은 보수 언론인 중앙일보에서도 확인할 수 있다. 중앙일보(2023.08.29.)는 사설을 통해 "공영방송은 정권이 바뀔 때마다 몸살을 앓아 왔다"며 "진영의 구분 없이 야당일 때는 공영방송의 정치적 독립을 보장하라고 목청을 높이다가 권력을 잡으면 자기 편 만들려고 애쓰는 '내로남불' 행태를 보여 왔다"고 비판한 바 있다. 맞는 말이다. 윤석열 정부와 현 KBS의 경영진에게 들려주고 싶을 정도로 멋진 비평이라고 생각한다.

오늘날의 언론(표현)의 자유는 천부인권이 아니라 권력을 가진 자와 그들에게 동의하는 자들만 누릴 수 있는 정치적 개념이 되어 버렸다. 공수를 바꿔가며 힘이 있을 때는 언론을 악용하고, 힘이 없을 때는 언론 탄압을 주장하는 정치권의 이른바 '그때는 맞고 지금은 틀린 언론의 자유' 인식이 변하지 않는 한, 궁극적으로 정치권력과 언론사 간의 정치적 후견주의 시스템이 극복되지 않는 한 언제나 여당 친화적 방송일 수밖에 없는 KBS의 모습은 사라지지 않을 것이다.

내로남불 시스템으로의 회귀: 방송 3법 개정안의 좌절

방송 3법 개정안의 내용

방송 3법 (방송법 · 방송문화진흥회법 · 한국교육방송공사법) 개정안은 2022년 11월 18일, 5만 명의 시민이 '언론 자유와 공영방송의 정치적 독립을 위한 법률개정 국민동의청원'을 한 결과 과학기술정보방송통신위원회에 상정됐다. 방송 3법 개정안은 정권이 바뀔 때마다 정권 편향성을 비판받았던 공영방송의 정치적 중립성과 독립성을 보장하기 위한 목적, 즉 공영방송의 정치적 후견주의를 극복하기 위한 방법으로 특정 정당이나 국회의원의 발의를 거치지 않은 시민에 의한 법률안이라는 특성을 가진다.

2023년 11월 9일, 더불어민주당과 정의당 등 야당은 방송 3법을 의결했다. 방송법 일부개정법률안은 176명 재적 중

176명 찬성, 방송문화진흥법 일부개정법률안은 175명 재적 중 175명 찬성, 한국교육방송공사법 일부개정법률안은 176명 재적 중 176명 찬성으로 가결됐다(고범준, 2023.11.09.). 방송 3법은 KBS, MBC, EBS 등 공영방송사의 지배 구조의 변화(이사 수 증가, 이사 추천 방식 변화, 사장 후보 시민 추천 등)를 핵심으로 한다. 현재 9명(MBC와 EBS)과 11명(KBS)으로 구성되어 있는 공영방송 이사 수를 21명으로 늘리는 내용인 것이다. 21명의 이사 추천 권한은 국회(5명), 시청자위원회(4명), 방송, 미디어 관련 학회(6명), 직능단체(방송기자연합회, 한국PD연합회, 한국방송기술인연합회 각 2명씩 6명)가 가지며, 공영방송 사장은 100명의 '사장후보국민추천위원회'가 후보를 추천하고, 재적 이사 2/3의 찬성으로 정해진다(정철운, 2023.11.09.).

방송 3법 개정안에 대한 평가

방송 3법 개정안 가결 후의 평가는 극단적이었다. 여당은 반대했고, 야당은 찬성했다. 구체적으로 국민의힘 김기현 대표는 2023년 11월 13일, "민주당은 일방적으로 편향된 방송 환경을 계속 누리기 위해 민노총의 노영방송 영구화 법률안을 날치기 통과시키기까지 했다", "공영방송이 민주당의 사내 방송으로 되는 방송 3법은 반드시 막아야 한다"고 말했다(정철운, 2023.11.14.). 반면, 더불어민주당 과학기술정보방송통신위원회 위원들은 2023년 11월 9일 기자회견을 통해 "정치적 후견주의를 배격하고, 공영방송을 권력의 품이 아닌 국민의 품으로 돌려달라는 요구가 오래전부터 있었다"며 "윤석열 정권의 막무가내식 방송장악 시도도 공영방송 독립이 얼마나 절실한 시대적 과제인지 보여주고 있다"고 주장했다. 아울러 더불어민주당은 "공영방송 독립을 향해 꿋꿋이 나아가는 동시에, 방송장악 시도에도 단호히 맞서겠다"고 말했다(홍주영, 2023.11.09.). 정의당, 진보당, 노동당, 녹색당 등 진보 4당도 방송 3법 개정안에 찬성하는 의견을 제시했다.

한편, 한국기자협회(2023.11.09.)는 '방송장악 방지법 국회 통과 환영한다. 대통령은 거부권 행사 말라!'는 성명서를 통해 "정권이 교체될 때마다 낙하산 사장으로 논란을 빚었던 구태가 사라질 절호의 기회를 맞았다. 실로 감격스런 일"이라고 평가했고(강아영, 2023.11.10., 재인용), 전국언론노동조합(2023.11.09.)은 "공영방송 장악방지법 국회 의결, 윤석열 대통령은 수용하라"라는 성명서를 통해 "23년 동안 법률에도 없는 추천권을 행사하고 정권이 바뀔 때마다 낙하산 사장을 앉히던 구악의 고리를 끊었다"며 "1년 전 모든 정당이 망설이던 법안 상정을 가능케 한 5만 명의 노동자·시민의 승리"라고 평가했다.

대통령의 재의요구권(거부권) 행사

2023년 12월 1일 오전, 한덕수 국무총리 주재로 임시 국무회의가 개최됐다. 한덕수 국무총리는 방송 3법은 "공영방송의 독립성과 정치적 중립성 보장이 개정 목적이라고 하지만 내용을 보면 오히려 이와는 반대의 결과를 낳을 수 있다는 지적"이 있으며, "이해관계나 편향적인 단체 중심으로 이사회가 구성되면 공정성과 공익성이 훼손되고, 아울러 견제와 감독을 받는 이해 당사자들에게 이사 추천권을 부여해 이사회의 기능이 형해화될 위험이 높다"고 주장했다(김희원,

2023.12.01., 재인용). 이에 앞서 2023년 11월 9일, 방송통신위원회(위원장 이동관)는 '방송법 등 일부개정법률안 국회 본회의 의결에 대한 방송통신위원회 입장'을 통해 방송 3법은 1) 이사회의 대표성 부족, 즉 방송뿐 아니라 경제, 경영, 법률, 지역 등의 추천도 필요하다는 것, 2) 이념 편향적 단체가 추천한 이사가 이사회의 다수를 구성해 편파성이 우려된다는 것, 3) 이사회의 비효율성(운영비용 증가, 의사결정 장애)이 높아진다는 것, 4) 법안 처리 과정의 절차적 정당성 부족, 즉 사회적 합의 없는 지배 구조 변경 등의 문제를 가진다고 주장한 바 있다(방송통신위원회, 2023.11.09.). 결국 방송 3법에 대한 재의요구안은 의결됐다(김희원, 2023.12.01., 재인용). 그리고 임시 국무회의가 진행된 당일, 윤석열 대통령은 방송 3법에 대한 재의요구안을 재가했다.

방송 3법 개정안의 폐기

2023년 12월 8일, 윤석열 대통령의 재의요구권(거부권) 행사로 방송 3법에 대한 재의의 건이 상정됐다. 대통령이 재의요구를 한 법안은 재적의원 과반수 출석, 출석의원 2/3 이상의 찬성일 때 재의결이 가능하다. 투표에 앞서 국회의원 111석을 가진 국민의힘(여당)은 당론으로 부결을 결의했다. 무기명 표결 결과 방송법 일부개정법률안 재의의 건은 가결 177표, 부결 113표, 기권 1표(득표율 60.82%), 방송문화진흥회법 일부개정법률안 재의의 건은 가결 177표, 부결 113표, 기권 1표(득표율 60.82%), 한국교육방송공사법 일부개정법률안 재의의 건은 가결 176표, 부결 114표, 기권 1표(득표율 60.48%)로 모두 부결됐다(오주연, 2023.12.08.). 결국 2022년 11월 18일, 과학기술정보방송통신위원회에 상정된 후 1년 만에 야당에 의해 국회에서 의결된 방송 3법은 윤석열 정부에 의해 폐기되고 말았다.

'내로남불' 시스템으로의 회귀

윤석열 정부가 방송 3법을 반대하여, 폐기한 이유는 야당 친화적 공영방송 환경을 영속화하기 위한 편향적 법안이라는 '내용적 측면'과 야당에 의해 단독 처리된 법안이라는 측면에서 절차적 문제가 있다는 '형식적 측면'으로 요약된다. 그러나 2023년 이후 정부와 여권은 아이러니하게도 여권 친화적 공영방송 환경을 만들기 위해 노력하고 있다.

예컨대 2023년 9월, 여권 추천 KBS 이사들만의 결정에 따라 김의철 사장에 대한 해임제청안이 의결됐고, 2023년 11월, 국회 인사청문 경과보고서 채택이 불발됐음에도 여권 추천 KBS 이사와 윤석열 대통령의 결정에 따라 박민 사장이 임명됐으며, 이후 이전 문재인 정부에서 시작된 시사 프로그램이 연이어 폐지되고, 진행자가 하차하거나 퇴사하는 일이 발생했다. 아울러 정부와 여당은 방송 3법을 대체할 수 있는 어떠한 대안도 제시하지 못한 채 해당 법안이 야당 편향적 공영방송을 만들 것이며, 공영방송의 공익성과 공정성을 훼손하게 될 것이기에 폐기되어야 한다고 주장했다. 공영방송을 편향적으로 만들고 있는 주체가 공영방송의 편향성을 우려하며 대안없이 변화를 거부하는 상황이 발생한 것이다.

물론 일부 인사들은 더불어민주당이 여당이었던 시절, 공영방송의 정치적 후견주의를 극복하기 위한 노력을 하지 않았으면서, 정권이 바뀌어 야당이 되자 방송 3법 개정안을 주도하는 것은 내로남불적 행태라고 주장한다. 일리 있는 주장이다. 더불어민주당이 여당이었던 시절, 기득권을 내려놓고 공영방송의 후견주의를 극복할 수 있는 개정안을 주도했다면 공영방송 지배 구조 개선의 진정성을 의심받지 않았을 것이다. 그러나 공은 윤석열 정부와 여당에게 넘어갔다. 이제 비판은 권력을 가진 윤석열 정부와 국민의힘을 향할 수밖에 없다. 야당의 내로남불 행태를 비판하며 집권한 정치 세력이 시민사회가 제안한 방송 3법을 어떠한 대안의 제시도 없이 비판하고, 좌절시켰다는 것은 결국 자신들도 내로남불하겠다는 선언에 불과하다.

윤석열 정부의 방송통신위원회 위원장 임명, 탄핵 논란

방송통신위원회의 기능과
방송통신위원(장)의 임명

방송통신위원회의 설치 및 운영에 관한 법률 제3조(위원회의 설치) 제1항에 따르면 방송통신위원회는 "방송과 통신에 관한 규제와 이용자 보호 등의 업무를 수행"하기 위한 목적으로 설치됐다. 보다 구체적으로 방송통신위원회의 설치 및 운영에 관한 법률 제12조(위원회의 심의·의결 사항)에 따르면 위원회는 방송 기본계획 및 통신규제 기본계획에 관한 사항, 한국방송공사의 이사 추천 및 감사 임명에 관한 사항, 방송문화진흥회의 이사 및 감사 임명에 관한 사항, 한국교육방송공사의 사장, 이사 및 감사의 임명에 관한 사항, 미디어 다양성 조사 및 산정에 관한 사항, 자상파방송사업자의 허가,

재허가에 관한 사항, 종합편성이나 보도에 관한 전문편성을 하는 방송채널사용사업자의 승인에 관한 사항 등을 심의, 의결한다. 이는 국내의 방송, 통신 정책 전반을 관장하는 기구가 방송통신위원회임을 확인할 수 있게 하는 부분이다.

한편, 제4조(위원회의 구성 등) 제1항에 따르면 "위원회는 위원회의 위원장 1인, 부위원장 1인을 포함한 5인의 상임인 위원으로 구성"한다. 아울러 제5조(임명 등) 제1항에 따르면 "위원장 및 위원은 방송 및 정보통신 분야의 전문성을 고려"하여 "대통령이 임명"한다. 그리고 제6항에 따르면 "위원 5인 중 위원장을 포함한 2인은 대통령이 지명하고 3인은 국회의 추천"을 받아 임명하는데, "국회는 위원을 추천할 때 대통령이 소속되거나 소속되었던 정당의 교섭단체가 1인을 추천하고 그 외 교섭단체가 2인을 추천"한다. 결국 방송통신위원회 위원 5인 중 3명은 대통령과 여권 친화적 인물로 구성되는 구조다. 정부 정책과 맥을 같이하는 방송, 통신 정책안이 도출될 수밖에 없는 구조인 동시에 정치적 심의, 의결의 문제가 상존할 수밖에 없는 구조인 것이다.

이동관 대통령실 대외협력특보에 대한
방송통신위원장 임명 논란

2023년 4월 5일과 2023년 6월 5일, 이동관 대통령실 대외협력특보가 방송통신위원장에 내정됐다는 이른바 '이동관 내정설'이 언론을 통해 보도됐다(송창한, 2023.04.05.; 박준우, 2023.06.05.). 이동관 특보는 동아일보 출신(기자)으로 이명박 정부에서 대통령실 언론특별보좌관, 대통령실 홍보수석 비서관, 대통령실 대변인, 제17대 대통령직인수위원회 대변인을 역임했다. 이동관 내정설이 보도된 뒤 이동관 특보에 대한 의혹과 비판이 지속해서 제기됐다. 아들의 학폭 논란과 사건 은폐 논란, 이명박 정권 시절의 대변인, 홍보수석, 언론특보로 일하며 언론을 탄압했다는 논란, 현직 대통령실 특보를 방송통신위원회 위원장으로 임명하는 것이 정파적이라는 비판 등이 그것이다(송창한, 2023.04.05.). 특히 이동관 특보는 이명박 정권의 청와대 홍보수석 당시 "'라디오 시사방송 좌편향 진행자 퇴출, 건전단체·보수언론 주도로 편파보도 문제 제기', '한국방송 좌편향 인사 색출' 등 방송장악과 언론 탄압 방안으로 가득한 국가정보원 문건을 작성하게 한 배후로 의심"(한겨레, 2023.08.01.)받은 인물이었다.

한편, 한국기자협회는 여론조사 기관인 마켓링크에 의뢰하여 2023년 6월 16일부터 4일간 이동관 대통령실 대외협력특보의 방송통신위원장 임명에 대한 찬반 투표를 진행했다. 그 결과 조사에 참여한 1,473명의 기자 중 80%가 이동관 특보의 방송통신위원장 임명에 반대했고, 13.1%는 찬성했다. 반대 이유는 'MB정부서 언론 탄압에 앞장선 인물이기 때문'이라는 응답이 80.3%로 가장 많았고, '현직 대통령실 인사 임명은 방통위 독립성 침해'라는 응답은 61.5%, '자녀 학교폭력 무마 의혹'이라는 응답은 58.5%, '경험이 부족한 미디어 정책 비전문가'라는 응답은 24.5%로 나타났다(김달아, 2023.06.20.). 아울러 뉴스토마토가 미디어토마토에 의뢰하여 2023년 6월 19일부터 21일까지 3일간 국민 1,033명을 대상으로 이동관 특보의 방송통신위원장 지명에 대한 의견을 확인한 결과 응답자의 59.9%가 반대, 24.9%가 찬성, 15.2%가 잘 모르겠다고 응답한 것으로 나타났다. 보다 구체적으로 진보 성향 응답자의 84.2%, 보수 성향 응답자의 32.7%, 중도 성향 응답자의 58.5%가 지명에 반대하는 것으로 나타났다

(박주용, 2023.06.23.).

　이처럼 기자와 시민 다수가 이동관 특보의 방송통신위원장 임명에 우려의 목소리를 표하는 상황임에도 불구하고 윤석열 대통령은 2023년 7월 28일, 방송통신위원장 후보로 이동관 특보를 지명했다. 대통령실의 김대기 비서실장은 "언론 분야에서 쌓은 풍부한 경험과 다양한 인간관계 리더십을 바탕으로 윤석열 정부의 방송·통신 국정 과제를 추진할 적임자라고 생각한다"는 의견을 표명했다(안성재, 2023.07.28.). 그러나 2023년 7월 31일, 15개 언론 현업·시민단체(한국기자협회, 한국PD연합회, 방송기자연합회, 전국언론노동조합, 민주언론시민연합, 언론개혁시민연대, 자유언론실천재단, 동아자유언론수호투쟁위원회 등)는 '이동관이 갈 곳은 방통위가 아니라 감옥이다'라는 공동 기자회견을, 2023년 8월 2일에는 '학폭무마, 언론장악 이동관은 자격없다. 국민 앞에 사죄하고 즉시 사퇴하라!'는 공동 기자회견을 진행했다. 반면, 이동관 후보는 2023년 8월 1일, "과거에 선전선동을 굉장히 능수능란하게 했던 공산당의 신문이나 방송을 저희가 언론이라고 이야기하지 않습니다"라고 말했다. "자유민주 헌정질서 속에서 자유를 누리는 언론은 반드시 책임있는 보도를 해야 한다"는 것이다. '어떤 언론이 그런 언론인가'라는 기자의 질문에 "그것은 이제 국민들이 판단하시고, 본인들이 잘 아시리라고 생각합니다"라고 말했다. 한겨레는 사설을 통해 "마치 그런 언론이 존재하는 양 냄새를 피우는 발언"이라며 이동관 후보자가 "비판 언론에 이념 딱지를 붙였다"고 비판했다(한겨레, 2023.08.01.). 같은 날, 더불어민주당 강선우 대변인은 "이동관 후보의 뒤틀린 언론관, 소름이 끼칩니다"라는 서면 브리핑에서 "오직 윤석열 대통령의 입맛에 맞는 보도만 해야 하고, 그것에서 벗어나면 공산당 기관지로 취급당할 것"이라며 비판했다(강선우, 2023.08.01.).

한편, 2023년 8월 18일, 이동관 방송통신위원장 후보자에 대한 국회 인사청문회가 진행됐으나 청문보고서는 채택되지 않았다. 그러나 2023년 8월 25일, 윤석열 대통령은 국회 인사청문 보고서 채택 없이 이동관 특보에 대한 방송통신위원장 임명안을 재가했다.

이동관 방송통신위원장 탄핵 논란

전국언론노동조합은 2023년 11월 2일, 이동관 방송통신위원장에 대한 탄핵 서명운동을 시작했다. 그리고 11월 19일, 전국언론노동조합, 한국기자협회, 한국영상기자협회, 한국PD연합회는 '더 이상 미룰 수 없다. 국회는 방송법 처리하고 이동관 탄핵하라!'라는 기자회견문을 통해 "언론사에 대한 취재 및 보도 과정 검열, 방송통신심의에 대한 직접 개입, 포털뉴스서비스 조사까지 방통위의 권한을 넘어선 직권을 남용하며 방송통신위원장이 아니라 국가검열위원장임을 자임"했고, "공영방송 장악을 넘어 모든 시민의 표현의 자유까지 침범하려는 이동관의 국가검열위원회를 더 이상 용납할 수 없다"며 이동관 위원장 탄핵의 정당성을 역설했다(전국언론노동조합, 2023.11.19.). 그리고 전국민주언론시민연합네트워크(2023.11.15.)는 "이동관 방송통신위원장은 취임하자마자 공영방송 이사진 해임과 부적격 이사 임명에 나섰고, 언론사에 대한 취재 및 보도과정 검열, 방송통신심의 직접 개입, 포털뉴스서비스 조사까지 진두지휘"하고 있다며 "정권에 유리한 미디어 환경을 만들기 위해 방송통신위원회 권한을 넘어

직권을 남용하며 헌법과 방송법이 보장한 언론자유를 위협하고, 언론의 독립성·공정성을 침해"하는 이동관 방송통신위원장의 탄핵을 촉구했다. 또한 더불어민주당, 정의당, 진보당, 기본소득당 등 '윤석열 정권 언론장악저지 야4당 공동대책위원회(2023.11.29.)' 역시 "이동관 위원장 탄핵은 비판 언론을 탄압하고, 공영방송을 장악하고, 민주주의를 후퇴시키는 폭주를 일삼는 윤석열 정권을 멈춰 세우는 시발점이 될 것"이라는 결의문을 발표했다(김철관, 2023.11.30.).

결국 더불어민주당은 이동관 위원장 탄핵을 위한 움직임을 진행한다. 정명호 국회 의사국장은 2023년 11월 30일, 더불어민주당 고민정 의원 등 168인에 의해 이동관 방송통신위원장 탄핵소추안이 발의됐다고 보고했다. 그리고 더불어민주당은 2023년 12월 1일, 이동관 위원장에 대한 탄핵소추안을 통과시키겠다는 의견을 밝혔다. 탄핵의 사유는 5명의 상임위원 중 재적위원 과반수 찬성으로 의결되어야 하는 방송통신위원회의 의결이 대통령이 추천한 이동관 위원장과 이상인 부위원장 2인 체제로 의결하는 것이 법률 위반이라는 점, 이동관 위원장이 가짜뉴스 단속이라는 명분으로 보도의 경위와 보도 내용에 간섭한 것(KBS, MBC, JTBC가 뉴스타파 인용 보도를 한 경위와 사실관계, 팩트체크 확인 절차와 같은 자료를 요구한 것)이 방송 자유를 침해했다는 점, 방송통신심의위원회 심의 대상에 인터넷 언론(뉴스타파)을 포함하는 등 방송통신위원회의 권한 범위를 넘어섰다는 점, 방송문화진흥회 권태선 이사장, 김기중 이사의 무리한 해임 추진, KBS 이사회가 사장 후보자를 위법하게 선임하는 과정을 관리하지 못했다는 점 등이었다(고한솔, 2023.11.30.; 진서형, 2023.11.10.).

그러나 탄핵 투표 당일인 2023년 12월 1일, 이동관 위원장은 자진 사퇴 의사를 밝힌다. 그리고 당일, 윤석열 대통령은 이동관 위원장의 사의를 수용했다. 이동관 위원장 탄핵안은 자동적으로 폐기됐다. 결국 이동관 위원장은 취임 99일 만에 사퇴한 방송통신위원장으로 기록됐다.

김홍일 국민권익위원장에 대한 방송통신위원장 임명 논란

윤석열 대통령은 2023년 12월 6일, 방송통신위원회 위원장으로 김홍일 국민권익위원장을 지명했다. 이동관 위원장이 12월 1일 사퇴한 후 5일 만에 지명된 인사였고, 김홍일 국민권익위원장이 임명될 경우 검찰 출신의 첫 방송통신위원장이 되는 상황이었다(전주영 외, 2023.12.07.). 김홍일 방송통신위원장 지명에 대해 대통령 비서실 김대기 실장은 "2013년 부산고등검찰청 검사장 끝으로 검찰에서 물러난 이후 10년 넘게 변호사와 권익위원장으로 지내면서 법조계와 공직을 두루 거쳤다"며 "법률적인 전문성은 물론 합리적인 조직 운영 능력도 겸비해 대내외 신망이 높다"고 설명했다. 그리고 "김홍일 후보자는 업무 능력, 법과 원칙에 대한 확고한 소신, 치우치지 않는 균형 있는 감각으로 방송통신위원회의 독립성과 공정성을 지켜낼 적임자라고 판단했다"고 설명했다(최수연, 2023.12.06.).

한편, 김홍일 위원장은 대검찰청 중앙수사부 부장, 부산고등검찰청 검사장, 법무법인 세종의 변호사를 지낸 법조인 출신이다. 대검찰청 중앙수사부 부장 근무 시절 중앙수사부 2과장으로 근무했던 윤석열 대통령과 함께 근무한 경험이 있다(김대철, 2023.06.29.). 윤석열 대통령이 대통령 후보 시절이었던 2021년, 정치공작 진상규명 특별위원회 위원장으로 활동한 이력도 있다(김윤나영, 2023.12.07.). 김홍일 씨는 2023년 6월 29일, 국민권익위원회 위원장(장관급)으로 임명된 후 7월 3일에 취임했다. 이에 대해 참여연대는 2023년 6월 30일 논평에서 "검사 시절부터 최근, 선거캠프로까지 이어지는 대통령과의 사적 인연은 김 위원장이 국민권익위원장으로서 과연 정권으로부터 독립되어 공정하게 반부패·청렴정책을 수립하고 이를 이행할 수 있는 인물"인지 의심스럽다며 비판하기도 했다(민소운, 2023.06.30.).

2023년 12월 15일, 전국언론노동조합, 한국기자협회, 한국영상기자협회, 한국PD연합회 등 언론현업단체는 '대통령 검사 선배 김홍일 방통위원장 지명 철회하라!'는 기자회견을 개최했고, 2023년 12월 19일, 언론장악 저지 공동행동(전국언론노동조합, 민주사회를위한변호사모임, 미디어언론위원회, 민주언론시민연합 등 참여)은 '윤석열 아바타 김홍일 방통위원장 지명 철회 촉구 기자회견'을 개최했다. 여당(보수정당)과 보수 언론에서도 김홍일 위원장의 임명을 반대하는 의견이 등장했다. 예컨대 국민의힘 이준석 전 대표(2023년

12월 27일 탈당 선언)는 2023년 12월 4일, 자신의 페이스북 포스팅을 통해 "법조인으로 경력이 화려했던 분이라고 해서 방통위원장으로 내정하는 것은 황당한 일"이라고 비판했고, 국민의힘 허은아 의원(2024년 1월 3일, 국민의힘 탈당, 국회의원직 상실)은 12월 6일 자신의 페이스북에 '재고해 주시길 간곡히 요청합니다'는 포스팅을 통해 "'검사 출신' 방통위원장이라는 면에서 민주당에서 지겹도록 뒤집어씌우는 '언론장악' 프레임만 강화될 것"이라며 임명 반대 의견을 표명했다(금준경, 2023.12.06., 재인용). 또한 조선일보(2023.12.07.)는 '방통위원장까지 검사 출신, 꼭 이렇게 해야 하나'라는 사설을 통해 "현 정부 들어 과거엔 검사들이 가지 않던 자리에 검찰 출신이 임명돼 '검찰 공화국'이란 말이 나오는 실정"이라며 "인사 추천은 물론, 검증까지 검찰 출신"이 담당하는 상황에서 "검사들이 줄줄이 요직에 들어가는 것을 국민이 어떻게 보겠나"라며 윤석열 대통령의 김홍일 방송통신위원장 임명을 비판했다. 여론조사 업체인 '여론조사 꽃'의 정기여론조사 결과(성인 1,017명 대상, 2023년 12월 8일부터 양일간 조사) 국민의 60.1%가 언론과 무관한 검사 출신 지명은 방송장악 의도로 바람직하지 않다는 의견을 밝혔다는 조사 결과도 존재한다(박세열, 2023.12.12.).

김홍일 방송통신위원장 후보의 국회 인사청문회는 2023년 12월 27일에 진행됐다. 국회 과학기술정보방송통신위원회 더불어민주당 의원 11명은 12월 28일, 김홍일 후보자에 대한 인사청문 결과 5대 부적격 사유가 확인됐다며, 지명에 반대했다. 5대 부적격 사유란 방송·통신 분야 전문성이 부족하다는 점, 정치검사라는 점, 검사 시절에 무고한 청년에게 살인 누명을 씌웠다는 점, 국민권익위원회 권한을 언론장악에 휘둘렀다는 점, 인사청문회 자료를 대부분 제출하지 않은 등 불성실한 태도를 보였다는 점 등을 의미한다(장경태, 2023.12.28.). 결국 국회 인사 청문 보고서는 야당의 반대로 채택되지 않았다. 그러나 2023년 12월 29일, 윤석열 대통령은 김홍일 후보자에 대한 방송통신위원장 임명안을 재가했다. 전임 이동관 방송통신위원장에 이어 김홍일 위원장 역시 국회 인사 청문 보고서 채택 없이 위원장에 임명됐다.

지난 정권도 그랬다는 비겁한 변명, 정치적 후견주의의 연장 술책

2023년 5월 30일, 문재인 정권에서 임명된 한상혁 방송통신위원장이 임기를 두 달 앞두고 면직 처리됐다. 한국기자협회, 방송기자연합회, 한국영상기자협회, 전국언론노동조합 등의 언론현업단체는 한상혁 위원장의 면직 추진은 무죄추정 원칙 등에 부합하지 않는 위법적 절차이며, 윤석열 정부 언론장악의 수단이라고 비판했다(신상호, 2023.05.23.). 이미 한 차례 논란이 발생한 뒤 위원장 후보를 지명해야 했기에 윤석열 대통령은 언론장악이라는 언론현업단체와 야당의 비판을 일소(혹은 최소화)할 수 있는 투명한 인사, 방송과 통신 정책 분야의 전문성을 가진 인사를 위원장으로 지명할 필요성이 있었다. 그런데 윤석열 정부는 1) 방송통신위원장 지명 당시 윤석열 정부에서 일하는 사람들로 정권과 코드를 맞춰온 인사, 2) 방송과 통신 분야의 전문성, 방송 독립성과 공정성에 대한 인식에 의심을 받는 인사, 3) 학폭 무마 의혹, 검사 시절 사적 인연 등으로 언론현업단체와 시민단체, 국민 다수가 우려하는 인사, 4) 국회 인사청문 보고서의 통과 없이 임명했다. 특히 대통령이 임명한 이동관 위원장은 역시 대통령이 추천한 이상인 부위원장과 함께 2인 체제로만 방송통신위원회의 결정을 진행하여 비판받았다. 방송통신위원회의 5명의 상임위원 중 국회 추천 몫 3명(여당 1명, 야당 2명)은 임명되지 않고 있다. 사실 더불어민주당은 2023년 3월 30일, 최민희씨를 상임위원 후보자로 추천했고, 해당 안건은 국회 본회의를 통과했다. 그러나 대통령은 최민희 씨에 대한 법제처의 유권 해석(한국정보산업연합회 상근 부회장 출신이라는 점, 정치적 편향성)이 나오지 않았다는 이유로 임명을 거부했다. 이러한 상황이 7개월 이상 유지됐고, 결국 최민희 씨는 2023년 11월 7일 상임위원 후보에서 사퇴했다(고한솔, 2023.11.07.).

방송통신위원장 인사는 법과 원칙, (언론)자유의 가치를 강조해 온 윤석열 정부의 언론관에 적지 않은 문제가 있음을 보여준다. 물론 이전 정부에서도 편향적 코드 인사에 대한 우려의 목소리와 언론 탄압에 대한 문제제기가 있었다. 그러나 과거 정권도 그랬다는 것이 현 정권의 코드 인사 문제와 언론 탄압에 대한 우려의 목소리를 지우는 변명거리가 될 수는 없다. 윤석열 정부가 문재인 정권보다 (언론)자유의 가치를 더 존중하는 정부로 인식되기 위해선 방송통신위원회 위원장을 정권 친화적 인물로 선정하는 것이 아니라 방송통신위원회 위원 다수(5명 중 3명)가 여권 친화적 인물로 구성되는 구조(시스템)를 개선하기 위해 노력했어야 했다. 코드 인사가 아니라 전문성을 반영한 인사로 스스로 언론의 비판과 견제의 대상이 되어야 했다. 그러나 그동안 방송통신위원회는 대통령 추천 위원 2명만으로 방송·통신 관련 정책이 의결되는 참담한 모습을 보여 왔다. 문재인 정부의 언론관을 비판하며 정권을 창출한 윤석열 정부는 문재인 정권보다 참담한 방식의 언론관으로 언론 환경을 황폐화하고 있다. 윤석열 정부가 언론 정상화와 시민 알권리 충족이라는 선의가 있다면, 지금이라도 문제를 바로잡아야 한다. 방송통신위원회의 위원 구성, 공영방송 지배 구조 개선을 통해 정치권력이 언론으로부터 쓴소리를 들을 수 있는 환경을 구축해야 한다. 구조적 문제 해결 없는 언론 자유는 허상이다. 한편, 야당인 더불어민주당은 윤석열 정부의 연이은 방송통신위원장 임명 논란이 언론 탄압으로 이어진다며 비판하고 있다. 야당이 마땅히 해야 할 정당한 비판이라고 생각한다. 더불어민주당은 오늘의 비판을 절대 잊지 않아야 한다. 훗날 정권 창출 후 기울어진 언론 환경을 바로잡겠다며 편향적 코드 인사를 한다면 더불어민주당도 국민의힘과 같은 비판에 직면하게 될 것이다. 방송통신위원회와 공영방송의 지배 구조를 개선하려는 구조적 움직임과 함께 진행되지 않는 모든 언론 정책은 정치적 후견주의를 연장시키는 술책일 뿐이다.

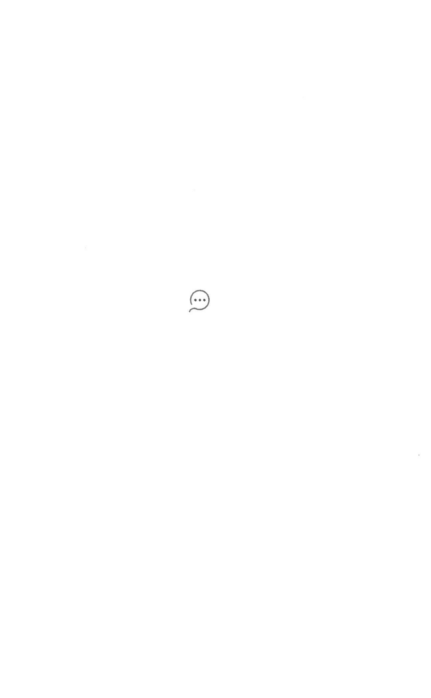

방송통신심의위원회의
뉴스타파와 인용 방송사
심의 논란

방송통신심의위원회의 기능과
심의위원의 임명 구조

방송통신심의위원회는 2008년 5월에 출범한 민간 독립기구다. 방송통신심의위원회 공식 홈페이지에 따르면 위원회는 "방송 내용의 공공성 및 공정성을 보장하고, 정보통신에서의 건전한 문화를 창달하며 정보통신의 올바른 이용환경 조성"을 목적으로 설치됐다. 방송법 제32조(방송의 공정성 및 공공성 심의)에 규정된 사항 심의, 방송법 제100조(제재조치 등)에 따른 제재조치에 대한 심의와 의결 등의 직무를 담당한다. 여기에서 방송법 제100조 제1항은 "방송통신위원회는 방송사업자·중계유선방송사업자·전광판방송사업자 또는 외주제작사가 제33조의 심의규정 및 제74조제2항에 의한 협찬고

지 규칙을 위반한 경우에는 5천만 원 이하의 과징금을 부과하거나 위반의 사유, 정도 및 횟수 등을 고려하여 다음 각호의 제재조치를 명할 수 있다."고 규정하고 있다. 위의 각호는 1) 해당 방송 프로그램 또는 해당 방송광고의 정정·수정 또는 중지, 2) 방송편성책임자·해당 방송프로그램 또는 해당 방송광고의 관계자에 대한 징계, 3) 주의 또는 경고를 의미한다. 이에 따라 방송통신심의위원회의 제재는 수위에 따라 '문제없음', 행정지도에 해당하는 '의견제시', '권고', 법정 제재에 해당하는 '주의', '경고', '방송 프로그램의 정정·수정·중지'나 '방송 프로그램 관계자 징계', '과징금 부과' 등으로 구분된다. 방송통신심의위원회에서 법적 제재 이상의 중징계를 받을 경우 방송사 재허가 또는 재승인 시 감점되는 불이익을 받게 된다.

한편, 방송통신심의위원회는 9명의 위원으로 구성되는데, 이 중 3명은 대통령이 임명하고, 3명은 국회의장이 여야 교섭단체와 협의해서 임명하며, 3명은 국회 소관 상임위원회(과학기술정보방송통신위원회)가 추천한다. 방송통신심의위원회 의결사항은 재직위원 과반수 출석과 출석위원의 과반수 찬성으로 의결된다. 방송통신심의위원회의 위원 임명 방식에 대해 언론법학자 이재진(2013) 교수는 "심의위 구성 방법과 절차가 대통령과 여당 추천 인사를 다소 포함해 위촉하는 방식"이라는 문제가 제기될 수 있다고 평가한 바 있다. 그리고 이승선과 김재영(2015) 교수는 "방송통신심의위원회는 출범 이래 편파적·기계적·편향적인 방송심의를 한다는 비판"을 받았고, "심의의 각 단계에 있어서 소수의견을 물리적 다수의 힘으로 제압한다는 비판"이 있었다고 지적한 바 있다. 그러나 이러한 지적에도 대통령과 여당 추천 인사가 다수인 방송통신심의위원회 위원의 구성 방식은 큰 변화 없이 지금까지 이어지고 있다.

2023년 11월 현재, 여권 추천 의원은 류희림, 황성욱, 허연회, 김우석 등 4명이고, 야당 추천 위원인 옥시찬, 김유진, 윤성옥 등 3명이다. 특히 현재 방송통신심의위원장은 KBS, YTN 기자, 미디어연대 대표를 역임한 류희림 씨고, 2023년 8월 18일, 윤석열 대통령이 위촉했다. 윤석열 대통령은 8월 17일, 업무시간 미준수, 업무추진비 과다 지출 등의 사유로 정연주 위원장과 이광복 부위원장을 해촉한 바 있다. 당시 같은 사유로 감사를 받았던 국민의힘 추천 황성욱 상임위원은 해임되지 않았다(김민찬, 2023.08.17.). 즉 2023년 9월 8일, 여야 4:3의 구조에서 새 위원장 선임 절차를 진행했고, 야권 위원들은 중도 퇴장해 여권 인사만의 결정으로 류희림 방송통신심의위원장이 취임하게 됐다(이정현, 2023.09.08.). 이처럼 현재 방송통신심의위원회는 이광복 부위원장의 후임과 정민영 위원 등 문재인 정부와 더불어민주당 집권 시절 취임한 인사의 후임이 임명되지 않은 채 7명의 위원 체제로 운영되고 있다.

한편, 문재인 정부에서 정연주 전 KBS 사장이 방송통신위원장에 내정될 무렵인 2021년 8월 23일, 야당이었던 국민의힘은 "정부가 언론을 장악하려는 의도라며 강하게 반발"했다. 당시 국민의힘 신인규 상근부대변인은 "(정 전 사장 위촉은) 언론의 공정성을 무시한 것"이라고 비판하기도 했다(정성택·조아라, 2021.07.24.). 이제는 윤석열 정부의 방송통신심의위원회가 정부·여당 친화적, 정파적 심의를 한다는 거센 비판을 받는 상황이다.

뉴스타파의 '김만배 녹취록' 보도

제20대 대통령 선거일(2022년 3월 9일)을 며칠 앞둔 2022년 3월 4일, 전국언론노동조합의 위원장을 역임한 신학림 씨(당시 뉴스타파 전문위원)는 김만배 씨(화천대유 대주주)와 대화(2021년 9월 15일의 대화)를 나눈 녹취록과 녹음파일 등을 뉴스타파에 전달했다. 뉴스타파는 2023년 3월 6일, 해당 내용을 보도했다. 2011년 당시, 대장동 사업가에게 부산저축은행 불법 대출(1155억 원)을 알선한 조우형 씨(불법 대출 브로커) 사건을 박영수 변호사(전 특별검사)와 윤석열 후보(당시 대검 중수2과장)가 수사를 무마했다는 내용이었다. 당시의 사건은 KBS, MBC, SBS, YTN 등의 언론사를 통해 보도됐다. 상당수 언론사가 해당 사건과 사건에 대한 여야의 반응을 보도했다. 그러나 이후 신학림 씨와 김만배 씨 사이에 금전거래가 있었다는 사실이 밝혀지는 사건이 발생한다. 한편, 뉴스타파는 2023년 9월 5일, 신학림 씨가 김만배 씨와 1억 6천 5백만 원의 금전거래를 한 사실이 확인됐다며, 사과했다. 그러나 "뉴스타파는 해당 녹음파일이 당시 대선 정국에서 핵심 쟁점 중 하나로 떠오른 대장동 사건에 관한 중요한 정보를 담고 있다고 판단하고 국민 알권리를 위해 보도를 결정"했다며 "김만배 씨와 신학림 씨의 금전거래를 사전에 파악하지 못한 점에 대해 겸허히 성찰하고 반성하는 것과는 별개로 윤석열 정부의 저열한 정치공세와 검찰의 폭력적 탄압에 단호하게 맞서겠다"고 말했다(뉴스타파, 2023.09.05.).

뉴스타파의 보도에 대해 2023년 9월 7일, 국민의힘 김기현 대표는 "사형에 처해야 할 만큼의 국가 반역죄"라고 비판했고, 9월 11일, "치밀하게 계획된 1급 살인죄는 과실치사죄와는 천양지차로 구별되는 악질 범죄로서 극형에 처해지는 범죄"라며 "이번 대선 조작 사건은 언론 자유를 핑계로 음흉하게도 뒤꽁무니에서 자신들의 권력을 위해 조작, 공작, 선동질, 조공질을 한 중대 사안"이라고 비판했다(김효성, 2023.09.11.). 아울러 언론학자 윤석민 교수는 조선일보 칼럼을 통해 "부산저축은행 불법대출 수사부터 뉴스타파의 녹취록 보도까지 이 사건의 전모에 대한 판단은 아직 섣부르고", "'국가반역', '사형', '폐간' 같은 여당 측의 거친 언사에 대해선 그 논리가 무엇이건 야만적 공포정치의 불쾌감을 느낀다"면서도 뉴스파타의 보도 과정에 "실패한 사실 확인 시도는 있었지만 사실은 확인된 바 없었다"고 비판했다. 그리고 뉴스타파는 "권력의 언론 탄압 코스프레를 멈추고 국민 앞에 사과"하라고 비판했다(윤석민, 2023.10.13.).

방송통신심의위원회의 뉴스타파 심의 논란

2023년 10월 18일, 방송통신심의위원회 통신심의소위원회(황성욱 위원장, 김우석 위원, 윤성옥 위원)는 제71차 정기회의를 개최했다. 이 중 유해정보 심의에 관한 건은 뉴스타파의 보도(김만배 녹취록 보도)를 대상으로 한다. 제71차 회의록에 등장한 방송통신심의위원회 권도윤 정보문화보호팀장에 따르면 이 심의 건은 "위원회가 인터넷 언론사의 콘텐츠에 대한 심의 확대 추진을 밝히고 가짜뉴스 심의전담센터가 출범한 이후 인터넷 언론사의 기사에 대한 첫 통신심의 사례"다. 가짜뉴스 심의전담센터에서 접수된 뉴스타파 홈페이지에 게재된 기사와 유튜브 채널에 업로드된 12분 정도의 콘텐츠가 대상이었고, 사회적 혼란을 현저히 일으킬 우려가 있는 내용인지에 대한 논의가 핵심이었다. 위원회는 '의견진술 기회

부여' 2명(황성욱, 김우석 위원), '각하' 1명으로 최종적으로 '의견진술 기회부여' 결정을 내렸다.

이후 2023년 11월 8일, 방송통신심의위원회 통신심의소위원회의 제78차 정기회의가 개최됐다. 이날 회의록을 살펴보면, 방송통신심의위원회는 뉴스타파 측에 2주간의 의견진술서 제출 기한과 소위원회 출석 가능 여부 등을 안내했지만 뉴스타파는 의견진술에 대한 거부 의사를 이메일로 회신했다. 권력의 불법적 검열에 굴종하는 선례를 남기지 않겠다는 내용이었다. 이에 대해 김우석 위원은 뉴스타파의 보도(김만배 녹취록 보도)를 사회 혼란 정보로 인식한다며, 이미 인용 보도가 많은 상황에서 기사를 삭제하거나 차단하는 것이 실익이 없기에 관련 내용에 대한 시정 요구를 넘어서, 서울시에 관련 문제를 통보하고 절차(신문법 위반 사항 검토)를 밟자고 주장했다. 이에 대해 황성욱 위원장은 찬성했고, 윤성옥 위원은 반대했다. 윤성옥 위원은 방송통신심의위원회의 심의가 실효성이 없다고 해서 서울시에 언론 등록을 취소해 달라고 요구하는 것이 적절하지 않다며, 방송통신심의위원회는 독립 기구이기에 역할에 맞게 내용 규제를 해야 한다고 주장했다.

결국 여당 추천 위원 2명이 찬성하고 야당 추천 위원 1명이 반대한 이 안건은 통과됐다. 즉 방송통신심의위원회는 서울시에 뉴스타파의 신문법 위반 여부 검토 절차를 요구하게 됐다. 한편, 서울시는 문화체육관광부와 함께 뉴스타파의 신문법 위반 행위를 살펴보겠다고 밝혔다. 그리고 신문법상 위반 행위가 확인될 때 등록취소심의위원회를 통해 발행정지명령(6개월 이내)이나 신문등의등록취소심판청구 등의 조치를 검토하겠다고 밝혔다(박진성, 2023.09.07.).

형식적인 측면에서 방송통신심의위원회 통신심의소위원회의 뉴스타파 심의는 철저히 다수를 점하고 있는 여당 추천 위원의 결정대로 이루어졌다. 심의결과는 철저히 다수결을 따랐고, 소수의견은 철저히 배제됐다. 아울러 내용적인 측면에서 방송통신심의위원회는 가짜뉴스 심의전담센터의 신고를 받아 그동안 한 번도 진행된 적이 없었던 인터넷 언론사에 대한 심의를 시도했으나 결국 공을 서울시로 넘긴 채 유의미한 결과를 내지 못했음을 확인할 수 있다.

방송통신심의위원회의 뉴스타파 인용 보도 방송사 과징금 부과 결정

　방송통신심의위원회는 2023년 11월 13일, 제23차 정기회의에서 뉴스타파(김만배와 신학림의 인터뷰)를 인용하여 보도한 3건의 지상파 방송(MBC TV 〈뉴스데스크〉, KBS 1TV 〈코로나19 통합뉴스룸 KBS 뉴스 9〉, MBC TV 〈PD수첩〉)과 3건의 종합편성채널(JTBC 〈JTBC 뉴스룸〉 2건, YTN 〈뉴스가 있는 저녁〉)의 과징금 부과에 관한 건을 심의했다. 심의 결과 뉴스타파를 인용하여 보도한 MBC 뉴스데스크에 대해서는 최고 금액인 4,500만 원, MBC 〈PD수첩〉에 대해서는 1,500만 원, KBS 〈뉴스9〉에 대해서는 3,000만 원, JTBC 〈뉴스룸〉에 대해서는 1,000만 원, YTN 〈뉴스가 있는 저녁〉에 대해서는 2,000만 원의 과징금을 부과했다. 아울러 2011년 윤석열 대검 중수과장이 조우형 씨에 대한 봐주기 수사를 했다는 의혹(부산저축은행사건수사 의혹)을 보도한 JTBC 〈뉴스룸〉 방송(2월 21일, 2월 28일 자)에 대해 2,000만 원의 과징금을 부과했다. 무려 1억 4,000만 원의 과징금 부과가 이날 의결됐다.

다만, 제23차 정기회의에서 야당 추천 의원들은 의결 결과와는 다른 입장을 밝혔다. 이날 회의록을 보면, 김유진 위원은 "'뉴스타파' 인용 보도에 대한 심의와 제재는 어떤 정당성도 없다"며 "부당한 심의를 진행함으로써 위원회가 민간 독립 기구로서 위상이 무너졌다"고 말했다. 그리고 옥시찬 의원은 "어디까지가 진실이고 어디까지가 거짓인지 알 수가 없는 김만배 녹취록을 조자룡이 헌 칼 쓰듯 휘두르면서 정치적인 목표를 가지고 권력과 자본으로부터 마땅히 독립되어야 할 공영방송에 대하여 과징금 제재를 쏟아내고 있는 방심위는 이제 사라져야 할 조직으로 그 근간이 밑동부터 흔들리고 있다"고 평가했다. 김유진 위원과 옥시찬 위원은 정기회의에서 발언 후 심의 전에 퇴장했다. 아울러 윤성옥 위원은 "방송사들의 과징금 제재가 전부 대통령실, 방통위의 가짜뉴스 규제 연장선상에 지금 있는 것 아니냐"며 "이 방송사 제재 앞으로 두고두고 정말 부끄러운 역사로 기록될 것"이라고 평가했다. 결국 뉴스타파 인용 보도에 대한 방송사 과징금 부과는 여당 추천 위원만의 결정으로 의결됐다.

이날 방송통신심의위원회 류희림 위원장은 9장 분량의 입장문을 통해 "언론사 스스로 직접 취재한 것이 아니고 전언의, 전언을 통한 간접 취재라면, 그것도 대선을 불과 이틀 앞두고 유력 후보에게 중대한 영향을 미칠 수 있는 내용이라면 진위가 확인될 때까지 보도를 유보하는게 당연하다"며 "정확한 사실 보도로 올바른 여론 형성을 해야 할 방송이 오히려, 국민들에게 잘못된 정보를 전달해, 자유 민주주의의 근간을 흔들 수 있는 심대한 결과"를 초래했다고 주장했다. "과징금 확정은 이에 대한 책임을 묻는 엄중한 조처"라는 것이다(방송통신심의위원회, 2023.11.13.).

방송통신심의위원회의 제23차 정기회의에서 뉴스타파 인용 방송에 대한 과징금 부과 결정은 여당 추천 위원 4명만의 결정으로 이루어졌다. 형식적인 측면에서 방송통신심의위원회의 뉴스타파 인용 방송에 대한 과징금 부과 결정은 다수를 점하고 있는 여당 추천 위원의 결정대로 이루어졌다. 심의결과는 철저히 다수결에 의존했고, 이 과정에서 소수의견은 배제됐다. 과징금 부과 결정에 반대한 위원들은 방송통신심의위원회의 심의가 정치적 심의이고, 민간 독립 기구의 기능을 스스로 부정하는 심의였다고 항변했으나 심의결과는 철저히 정부와 여당(국민의힘), 방송통신위원회가 추구하는 가짜뉴스 규제의 방향과 맥락을 같이하는 방식으로 이루어졌다.

방송통신심의위원회의 방송사 과징금 부과 결정에 대한 비판

방송통신심의위원회의 방송사 과징금 부과 결정에 대해 시민사회단체와 언론계의 비판이 이어졌다. 먼저 민주언론시민연합(2023.10.06.)은 '정권 하청 검열기관으로 전락한 방통심의위'라는 논평에서 방송통신심의위원회의 노골적 편파 심의를 비판했고(박서연, 2023.10.08.), 전국언론노동조합(2023.11.13.)은 '사상 초유의 정치 심의, 국가검열 철폐하고 이동관을 탄핵하라'라는 성명을 발표했다. 그리고 MBC 안형준 대표이사는 2023년 11월 13일, 기자회견을 통해 "대선 당시에는 아무런 문제 제기가 없다가 보도가 나온 지 1년 6개월이 지나, 그것도 이동관 방송통신위원장이 전면에 등장한 이후에, 절차적 하자 논란까지 일으키며 긴급하게 안건으로 올린 이유를 납득할 수 없다"며 "김만배 씨 녹취가 허위와 조작이라는 건 현재로서는 검찰과 권력의 일방적 주장일 뿐"이라고 비판했다. 또한 심의과정이 "편파성, 정파성, 언론에 대한 입막음용이 아닌지 심각하게 우려하지 않을 수 없다"는 의견을 밝혔다(윤유경, 2023.11.13.). 그리고 한국PD연합회는 2023년 11월 15일, 성명문을 통해 "방심위의 이번 결정은 권력에 대한 언론의 비판을 위축시키고 기자와 PD에게 자기검열을 강요하여 이 나라의 언론 자유를 퇴행시키는 폭거", "'도를 넘은 정치심의'"라고 규정했다. 그리고 "김만배 씨 녹취가 허위조작이라는 건 검찰과 여권의 일방적 주장일 뿐, 아직 사실로 확인되지 않았고", "팩트가 밝혀지지 않은 사안에 대해 중징계를 가하는 것은 민주 국가에서는 상상도 할 수 없는 야만"이라고 비판했다(엄재희, 2023.11.15.). 이처럼 방송통신심의위원회의 방송사 과징금 부과 결정에 반대하는 측은 재판 결과가 도출되지 않은 상황, 팩트가 정확히 밝혀지지 않은 상황에서 정부·여당의 주장만으로 강한 수준의 법정 제재를 내리는 것이 타당하지 않다는 의견을 표명했다.

'뉴스타파 인용 보도'에 대한
방송통신위원회의 시정명령, 행정지도

방송통신위원회(위원장 이동관)는 2023년 11월 16일, 제
43차 전체 회의에서 뉴스타파 인터뷰를 검증 없이 인용하여
보도하고 취재기록을 왜곡해 새로운 의혹을 보도한 JTBC에
대해 '허위 조작 정보 검증 강화' 미이행으로 시정명령을 내
리고 KBS, MBC, YTN에 대해 인용 보도 검증 부족에 대한
재발 방지와 시정을 촉구하는 행정지도를 하기로 했다(정혜
정, 2023.11.16.).

뉴스타파에 대한 압수수색과 비판

2023년 9월 이후, 서울중앙지방검찰청은 뉴스타파와 뉴
스타파의 기사를 인용 보도한 언론사 등에 대한 대대적인 압
수수색이 시작됐다. 2023년 9월 1일, 서울중앙지방검찰청은
신학림 전 뉴스타파 전문위원의 자택과 사무실을 압수수색했
고, 2023년 9월 14일, 서울중앙지방검찰청 대선개입 특별수
사팀(팀장 강백신)은 정보통신망법상 명예훼손 혐의로 뉴스
타파 본사와 JTBC 본사, 그리고 뉴스타파 한상진 기자, 뉴스

타파 봉지욱 기자(전 JTBC 기자)의 자택을 압수수색했다. 그리고 2023년 10월 11일에는 리포액트 허재현 대표의 자택과 사무실을 압수수색했고, 2023년 10월 26일에는 경향신문 이효상 기자와 경향신문 전직 손구민 기자, 인터넷 매체 뉴스버스의 전직 기자 윤진희 씨의 자택을 압수수색했으며, 2023년 12월 6일에는 김용진 뉴스타파 대표의 자택을 압수수색했다(박서연, 2023.12.10.). 그리고 2023년 12월 13일에는 뉴스타파 한상진 기자를 피의자 신분으로 불러 조사했다.

정보통신망법상 명예훼손 혐의로 언론사와 언론사 기자, 언론사 사주에 대한 압수수색이 계속되자 국내외 언론현업 단체, 시민단체의 비판이 제기됐다. 구체적으로 미디어기독연대, 민주언론시민연합, 방송기자연합회, 새언론포럼, 언론개혁시민연대, 자유언론실천재단, 전국언론노동조합, 표현의 자유와언론 탄압공동대책위원회, 한국기자협회, 한국영상기자협회, 한국PD연합회 등의 단체는 2023년 9월 14일 기자회견을 통해 "검찰이 '여론 조작'이라는 답을 정해 놓고 압수수색을 한 것은 윤석열 정권을 향한 충성심의 과시 그 이상도 이하도 아니다"고 비판했다(전국언론노동조합, 2023.09.14.).

그리고 언론 자유 보호를 위한 국제기구 '언론인보호위원회 (CPJ: Committee to Protect Journalists)'는 2023년 12월 6일 한국 정부에 "윤석열 대통령의 명예를 훼손했다고 주장한 2022년 보도와 관련하여 (뉴스타파) 김용진 대표의 자택을 압수수색하고, 이후 기자들을 탄압하는 행위를 중단할 것"을 촉구했다(CPJ, 2023.12.08.). 같은 날 참여연대는 "검찰청법상 직접 수사 범위에도 포함되지 않는 명예훼손 혐의로, 그것도 검찰총장 출신 대통령의 명예를 훼손했다는 혐의로 검찰이 언론사 대표의 주거지를 압수수색하는 것은 독재시대에나 볼 법한 일"이라며 "반의사불벌죄인 명예훼손 혐의의 피해자로 적시된 윤석열 대통령은 이 사건 수사에 대해 입장을 밝히라"고 비판했다(곽재훈, 2023.12.06.).

정부의 종속 기구화 된
민간 독립기구 방송통신심의위원회

대통령과 언론사 간 명예훼손 소송의 재판 결과가 나오기도 전에 방송통신심의위원회는 뉴스타파의 보도와 인용 언론사를 제재하기 위해 적극적인 노력을 기울였다. 특히 방송통신심의위원회의 결정은 위원회의 다수를 점하고 있는 대통령과 여당 추천 위원의 판단으로 이루어졌다. 민간 독립기구라는 방송통신심의위원회는 사실상 정부의 언론 정책을 대변하는 역할을 수행할 수밖에 없는 구조였다. 이러한 상황이라면 정부와 여당이 방송통신심의위원회의 위원을 모두 추천하여 방송심의에 대한 의사결정을 하는 편이 훨씬 더 효율적일 수 있다고 판단될 정도다. 방송통신심의위원회 위원장과 위원 선임 구조, 그리고 의사결정과정에 변화가 없다면 결국 방송통신심의위원회는 더 이상 민간 독립기구로 존립하기 어려울 것이다. 사실상 정부 종속적 기구를 민간 독립기구라고 지칭할 수는 없는 일이다.

한편, 헌법 제21조가 보장하는 언론의 자유는 인간의 기본권이다. 폭넓게 보장되어야 한다. 특히 대통령, 국회의원, 검찰 등 공적인물이나 공적주체에 대한 비판은 언론의 사명이다. 권력에 대한 감시가 생명인 언론사의 기능을 권력을 가진 정부가 위축시킨다는 것은 위헌적 발상일 수 있다. 검찰은 뉴스타파와 언론사의 보도로 인해 누군가의(윤석열 대통령?)

명예가 훼손되었다며 압수수색을 진행하고 있다. 만약 수년 후 언론사와 공인의 명예훼손 소송이 마무리된 후 재판 결과가 확정된다면, 그리고 그 결과, 재판부가 검사나 대통령(공인)의 명예권보다 언론의 자유를 넓게 보장하는 판결을 한다면 어떻게 할 것인가. 2023년, 비판 언론에 대해 여러 차례 진행된 검찰의 연이은 압수수색, 여당 추천 위원만의 결정에 의한 방송통신심의위원회의 인터넷 언론사(뉴스타파) 심의, 역시 여당 추천 위원만의 결정에 의한 뉴스타파 인용 방송사 과징금 결정과 방송통신위원회의 시정명령과 행정지도는 어떻게 평가될까. 그리고 권력을 가진 검찰과 여당 주도의 방송·통신 정책 결정에 따라 위축된 언론사와 위축된 언론에 의해 알권리를 침해당한 시민들의 피해는 어떻게 보상되어야 할까.

일러두기

이 챕터가 쓰여질 당시인 2023년 11월 현재, 여권 추천 의원은 류희림, 황성욱, 허연회, 김우석 등 4명이고, 야권 추천 위원인 옥시찬, 김유진, 윤성옥 등 3명이었다. 그러나 2024년

1월 17일, 옥시찬 의원과 김유진 의원 등 야권 추천 위원 2명이 각각 폭언, 비밀 유지 의무 위반의 사유로 해촉됐다. 그리고 2024년 1월 22일, 윤석열 대통령 추천으로 문재완, 이정옥 위원이 위촉됐다. 방송통신심의위원회는 여권 추천 위원 6명, 야권 추천 위원 1명으로 구성됐다. 야권 위원 6명, 여권 위원 1명 구조의 방송통신심의위원회 구성에 대해 더불어민주당은 "정부의 청부 심의위로 전락시킨 것"이라고 비판했다 (신주영, 2024.01.23.).

방송통신심의위원회 위원장의 '민원 사주' 의혹과 공익신고자 고발 논란

방송통신심의위원회 위원장의
'민원 사주' 논란

뉴스타파(2023.12.25.)는 국민권익위원회에 접수된 제보자의 공익신고서를 바탕으로 방송통신심의위원회 류희림 위원장이 가족과 지인 등을 동원해 방송 뉴스에 대한 시청자 민원을 접수한 후 심의를 진행했다고 보도했다. 류희림 위원장에 의한, 이른바 '청부 민원' 정황이 확인됐다는 보도였다. 해당 민원은 뉴스타파의 김만배-신학림 녹취록 보도를 인용 보도한 KBS, MBC, JTBC, YTN 등의 언론사에 1억 4천만 원의 과징금이 부과된 결정(2023년 11월 13일)의 근거가 됐다. 뉴스타파(2023.12.25.)에 의하면 2023년 9월 14일부터 18일까지 뉴스타파 인용 보도 방송에 대한 심의 민원은 270여 건이었고, 최소 127건이 류희림 위원장의 가족 및 지인(70건), 연관 의심 단체 관계자(57건)의 민원이었다.

해당 보도 이후 관련 보도가 이어졌다. 이 사건의 쟁점은 류희림 위원장이 가족과 지인들에게 심의 민원을 넣도록 사주했는지와 류희림 위원장이 가족, 지인 등 사적인 이해 관계자의 민원 제기 사실을 인지하고도 관련 심의에 참석해서 이해충돌방지법을 위반했는지 여부였다(박강수, 2023.12.26.). 이에 대해 야권 추천 방송통신위원회 심의위원 3명(옥시찬, 김유진, 윤성옥)은 성명서(2023.12.26.)를 통해 "류희림 위원장에 대한 '청부민원' 의혹은 방심위의 공신력을 훼손하고 심의체계의 근간을 흔드는 심각한 사안"이고, "위원장의 가족과 지인들이 특정 사안에 대해 수십 건의 민원을 넣었다는 그 자체만으로도 류희림 위원장은 도의적 책임을 져야 마땅"하다고 주장했다. 이러한 맥락에서 야권 심의위원들은 류희림 위원장의 사과와 사퇴를 요구했다(엄재희, 2023.12.27.).

그러나 국민의힘과 방송통신심의위원회는 이 사건을 '개인정보 불법 유출' 사건으로 봤다. 구체적으로 국민의힘 미디어커뮤니케이션특별위원회(위원장: 윤두현)는 2023년 12월

26일 성명을 통해 "'방심위 직원 민원인 개인정보 유출' 사건의 핵심은 민주당과 좌 편향 매체가 민원인 신원을 알게 된 발단부터가 불법적"이라며 "공익신고라는 그럴듯한 포장지를 씌워, 국민의 개인정보까지 좌파 진영에 줄줄이 갖다 바친 행태 자체가 악랄한 좌파 카르텔의 현실"을 보여주는 것이라고 비판했다. "류희림 위원장 지인이 민원을 제기한 것이 팩트고, 청부나 사주는 민주당의 주장에 불과"하다는 것이다(국민의힘, 2023.12.26a). 국민의힘 미디어법률단 역시 성명을 통해 "성명불상의 방심위 직원을 개인정보보호법 제70조 2항 위반 혐의로 검찰에 고발할 방침"이라며 이번 사건은 "방심위 민원신청 위축을 노린다는 점에서 부정한 목적에 해당하며, 더 나아가 권익위 신고를 악용해 정부의 민원시스템 전체를 무너뜨릴 가능성이 현저한 중대 범죄"라고 봤다(국민의힘, 2023.12.26b). 그리고 방송통신심의위원회(2023.12.27.)는 이 사건을 "민원인들의 개인정보가 불법 유출된 중대 범죄"로 보고, "개인정보보호법 위반 혐의로 서울남부지방검찰청에 수사의뢰서를 접수"한 후 "감사 착수를 통해 불법 유출 경위"를 파악하기로 했다.

이에 대해 더불어민주당 언론자유대책특별위원회는 2023년 12월 27일 성명서를 통해 "중대범죄를 저지르고 있는 도둑을 발견해 신고했더니, 신고자를 처벌하고 조사하라는 적반하장 태도"라며 "수사를 받아야 할 대상은 공익신고자가 아니라, 가족과 지인에게 민원을 사주하고 셀프 심의하며 이해충돌방지법을 위반"한 류희림 위원장이라고 비판했다(더불어민주당, 2023.12.27.). 같은 날 더불어민주당은 류희림 위원장을 이해충돌방지법 위반 및 허위사실 유포 혐의로 고발 예정이라고 밝혔다. 한편, 방송통신위원회 위원장 국회 과학기술정보방송통신위원회의 인사청문회에 나선 김홍일 후보자는 2023년 12월 27일, 류희림 방송통신심의위원장에 대한 의혹에 대해 "사실관계에 따라서, 맞는다면 이해충돌방지법 위반으로 볼 수 있다"는 의견을 표명했고, 국민권익위원회에 관련 의혹을 제보한 사람의 경우 "공익신고자라면 공익신고자 보호 절차를 밟아야 한다"는 의견을 표명했다(권영철, 2023.12.27.).

공익신고자 보호법 VS 개인정보보호법

방송통신심의위원회의 민원 사주 의혹은 국민권익위원회에 부패·공익신고서를 제출함으로써 촉발됐다. 공익신고자 보호법 제4조 제1항에 따르면 국민권익위원회는 공익신고자 등을 보호하고 지원하기 위한 기관이다. 공익신고자 보호법 제2조(정의) 제2항에 정의하고 있는 공익신고는 "공익침해행위가 발생하였거나 발생할 우려가 있다는 사실을 신고·진정·제보·고소·고발하거나 공익침해행위에 대한 수사의 단서를 제공하는 것"을 의미한다. 공익신고자 보호법 제6조는 누구든지 공익침해행위가 발생하였거나 발생할 우려가 있다고 인정할 때 공익신고를 할 수 있다고 규정하고 있고, 제7조는 "공직자는 그 직무를 하면서 공익침해행위를 알게 된 때에는 이를 조사기관, 수사기관 또는 위원회에 신고해야 한다"고 규정하고 있다. 공익신고자보호법과 다른 법률이 경합할 때는 공익신고자 보호법 적용이 우선되며, 다른 법률 적용이 공익신고자에게 유리할 때는 그 법이 적용된다(제5조). 아울러 공익신고자는 공익신고자 보호법 제12조 제1항, 즉 "누구든지 공익신고자 등이라는 사정을 알면서 그의 인적사항

이나 그가 공익신고자 등임을 미루어 알 수 있는 사실을 다른 사람에게 알려주거나 공개 또는 보도하여서는 아니 된다."는 내용과 제15조 제1항, 즉 "누구든지 공익신고자 등에게 공익신고 등을 이유로 불이익조치를 하여서는 아니 된다."는 내용 등으로 보호된다. 오랜 기간 공익제보자 보호를 위해 노력해온 참여연대 공익제보지원센터(2023.12.26.)는 '방심위는 공익제보자에 대한 공격을 멈춰라'는 논평을 통해 "공익제보자에 대한 감사 및 수사 의뢰, 형사고발은 사실상 공익제보자를 색출하고 불이익 조치를 하겠다는 것으로, 그 자체로 명백한 불이익 조치"라며 "국민권익위원회는 공익제보자 보호를 위해 필요한 모든 조치를 시급히 취해 공익제보자의 피해를 최소화해야 할 것"이라고 말했다.

반면, 방송통신심의위원회와 국민의힘은 국민권익위원회에 공익신고서를 제출한 내부 직원을 공익제보자로 인정하지 않고, 민원인의 개인정보 유출자로 인식하고 있었다. 구체적으로 방송통신심의위원회(2023.12.27.)는 민원인의 개인정보는 "개인정보보호법 등으로 보호되는 초민감 정보로서, 어떠한 이유로도 유출될 수 없는 본질적 보호 대상"이고 "이를 유출할 경우, 5년 이하의 징역 또는 5천만 원 이하의 벌금에 처해질 수 있는 중대 범죄"에 해당한다며 서울남부지방검찰청에 수사의뢰서를 접수하는 한편, 감사를 착수하겠다는 의지를 밝혔다. 그리고 국민의힘은 국민권익위원회에 공익신고서를 제출한 직원을 개인정보보호법 제70조 2항 위반 혐의로 고발하겠다고 밝혔다. 여기에서 방송통신심의위원회와 국민의힘이 언급한 개인정보보호법 처벌 기준은 개인정보보호법 제70조와 제71조에 규정하고 있는 조항을 해석한 내용에 기반한다. 구체적으로 제70조 제2항은 "거짓이나 그 밖의 부정한 수단이나 방법으로 다른 사람이 처리하고 있는 개인정보를 취득한 후 이를 영리 또는 부정한 목적으로 제3자에게 제공한 자와 이를 교사·알선한 자"는 10년 이하의 징역 또는 1억 원 이하의 벌금에 처한다고 규정하고 있다. 아울러 제71조 제9항은 "업무상 알게 된 개인정보를 누설하거나 권한 없이 다른 사람이 이용하도록 제공한 자 및 그 사정을 알면서도 영리 또는 부정한 목적으로 개인정보를 제공받은 자"는 5년 이하의 징역 또는 5천만 원 이하의 벌금에 처한다고 규정하고 있다.

공익신고의 어려움과 활성화 방안

우리나라에는 공익신고자를 보호하기 위한 공익신고자 보호법이 존재한다. 그러나 그 법이 공익신고자를 온전히 보호해 주지는 못한다. 더불어민주당 윤영덕 의원이 국민권익위원회 자료를 인용하여 발표한 자료에 따르면 2021년 1월부터 2022년 8월까지 부패 또는 공익신고자 보호조치까지 걸리는 시간은 공익신고자의 경우 190일, 부패신고자의 경우 154일이었다(김재현, 2022.10.12.). 더구나 2023년 1월부터 9월까지 국민권익위원회에 제기된 보호 신청 61건 중 보호 결정이 이루어진 사례는 1건에 불과한 상황이다(문은옥, 2023.12.05.). 많은 경우 공익신고자가 알려지거나 색출될 때 배신자로 낙인찍히고, 직장 내에서 다양한 괴롭힘을 당하거나 인사상 불이익을 받게 된다. 문제는 이러한 상황에서 보호조치를 요청하게 되는 공익신고자가 법의 보호를 받기가 어렵다는 것이다. 여기에 더해 공익신고자를 대상으로 소송이 제기되는 일도 낯선 일은 아니다. 이 경우 공익신고자는 수년간의 재판을 감수해야 하기에 경제적인 어려움에 부닥칠 수도 있다. 이처럼 권력을 가진 기관이나 사람에 대한 공익신고는 어려운 일이고, 많은 용기가 필요한 일이다.

특히 방송통신심의위원회의 민원 사주 논란이 있기 이전부터 개인정보보호법이 공익신고자를 공격하는 데 악용된다는 비판이 제기된 바 있다. 예컨대 호루라기재단 토론회(2022.10.14.)에서 김영희 변호사는 "공익신고를 하는 경우 증거를 제출하는 과정에서 개인정보보호법 위반이 문제가 될 수 있으므로, 공익신고의 경우 신고 내용에 개인정보가 포함되어 있더라도 법 위반으로 보지 않는다는 규정을 제정할 필요가 있다"고 주장한 바 있고(호루라기, 2022.10.13.), 국회의원 민병덕과 사단법인 오픈넷이 공동 주최한 토론회(2023.02.17.)에서 손형섭 교수는 "공익을 위한 보도 목적으로 범죄에 관련한 사실 혹은 위반을 제보하는 경우", "개인정보의 취급 및 제3자 제공이 개인정보법 위반이 되지 않도록 입법"해야 한다고 주장했다(오픈넷, 2023.02.17.). 그러나 그동안 개인정보보호법 개정은 이루어지지 않았다. 그 결과 방송통신심의위원회 민원 사주 논란에서 확인할 수 있듯 공익신고자를 개인정보보호법 위반으로 수사하고, 감사해야 한다는 논리가 다시 한번 나타난 상황이다.

필자는 공공의 이익을 위한 사안이고, 권력(정치권력, 자본 권력)을 가진 공인에 대한 공익신고라면 신고 내용에 개인정보가 포함되어 있다고 해도 개인정보보호법 위반이 되지 않을 수 있도록 개인정보보호법 제17조(개인정보의 제공)를 개정할 필요성이 있다고 생각한다. 아울러 공익신고자가 공익신고를 한 후 신고자가 근무하는 기관이 자체적으로 판단하여 공익신고자를 색출하는 일이 발생하지 않도록 국민권익위원회가 서둘러 공익신고자의 공익제보 사건을 판단한 후 공익신고자를 보호하기 위한 적극적인 노력을 기울일 필요가 있다고 생각한다. 어떠한 정치 세력도 부정부패에서 완전히 자유로울 수는 없다. 공익신고는 언제든 부패할 수 있는 권력에 대한 비판과 견제의 효과적인 방법의 하나다. 따라서 공익신고자를 보호하지 못하는 공익신고자 보호법은 개정되어야 한다. 10년이 넘는 기간 동안 공익신고자를 보호하고 지원하는 활동을 해온 재단법인 호루라기(2023.12.28.)는 "공익신고자가 신고과정에서 긴급하고 불가피하게 개인정보보호법을 위반해야 할 때 그 신고 내용의 공익성과 정당성은 간과되고, 신고자는 오히려 범죄자로 낙인찍히게 되는 경우가 허다하다"고 말했다. 공공의 이익을 위해 일해야 하는 기관이 공익신고자를 범죄자로 낙인찍고, 공익신고자를 색출하는 일은 공익신고의 가치를 훼손하는 일로 지양될 필요가 있다. 공익신고는 정치적인 일이 아니다.

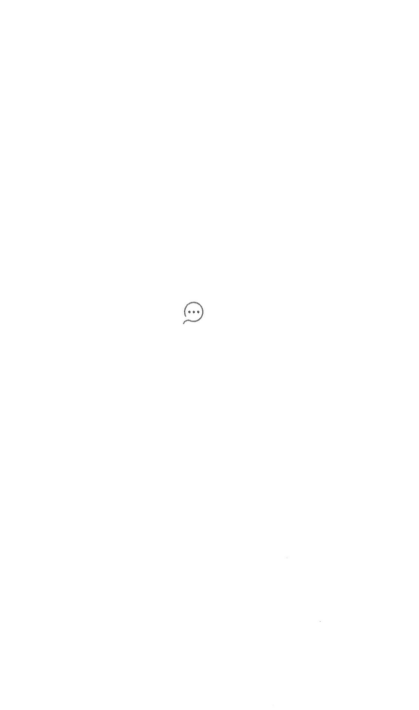

방송통신위원회의
방송문화진흥회
이사 해임과 법원의 판단

문재인 정권의 방송통신위원회가 임명한
방송문화진흥회 이사에 대한 비판

방송문화진흥회법 제5조(업무)에 따르면 진흥회는 "방송 문화의 발전과 향상을 위한 연구 및 학술사업, 진흥회가 최다 출자자인 방송사업자의 경영에 대한 관리 및 감독, 방송문화 진흥자금의 운용·관리, 그 밖의 공익 목적의 사업" 등을 수 행한다. 제6조(임원)에 따르면 방송문화진흥회는 이사장 1명을 포함한 9명의 이사와 1명의 감사를 임원으로 두는데, 임원의 임기는 3년이다. 문재인 정권 시절인 2021년 8월 11일, 방송통신위원회는 제33차 전체 회의에서 상임위원의 무기명 투표를 통해 제12기 방문진 이사 후보자 22명 중 9명(임기 3년)을 선임했다(박수선·김승혁, 2021.08.11.). 2023년, 윤석열 정부의 방송통신위원회에서 해임 논란이 불거진 권태선 이사장과 김기중 이사도 이때 선임됐다.

당시 전국언론노동조합 MBC 본부는 김도인, 지성우, 김기중, 김석환 이사 등 4명의 공영방송에 대한 가치관과 친정부 성향을 우려하며 부적격자라고 비판했다. 그리고 공영방송 3사 노조는 "방통위는 공영방송의 권력 종속이라는 부조리에 함께 분노했던 전국언론노동조합, 시민단체, 국민의 목소리를 철저히 외면했다"고 비판했다. 문재인 대통령의 대선 캠프 출신 인물이 이사로 의결되는 등 정치적 후견주의가 반영된 인사라는 것이 비판의 핵심이었다(김효실, 2021.08.11.). 2021년 10월 14일에 개최된 방송문화진흥회 등에 대한 국정감사에 나선 국민의힘 김영식 의원 역시 "방문진 12기 이사진 구성을 보면 상당수가 여당이 추천한 이들로 이른바 '캠코더(캠프·코드·더불어민주당 인사)' 인사"라며 방문진 이사 구성의 편향성을 비판했다(손국희, 2021.10.14.).

방송통신위원회의의 방송문화진흥회
야권 성향 이사진 해임

방송통신위원회는 이동관 위원장 임명 전후 방송문화진흥회(MBC 대주주, 관리·감독 기관) 야권 성향의 이사로 분류되는 권태선 이사장과 김기중 이사에 대한 해임 절차에 착수했다. 구체적으로 2023년 8월 21일에 개최된 방송통신위원회의 제30차 위원회(방송문화진흥회 이사 해임에 관한 건)는 김효재 위원장 직무대행과 이상인 상임위원 등 2명의 위원만 참여한 상태에서 비공개로 진행됐다. 위원회는 권태선 이사가 "MBC와 관계사 경영에 대한 관리·감독 의무를 소홀"히 했고, "MBC 사장 선임과정에 대한 부실한 검증 및 방송문화진흥회 임원을 부적정하게 파견하여 감사 업무의 독립성을 침해"했다며 해임을 의결했다(방송통신위원회, 2023.08.21.). 김효재 위원장(현 한국언론진흥재단 이사장)과 이상인 상임위원(윤석열 대통령 추천)은 모두 여권 추천 위원이었다. 일주일 뒤인 8월 28일에 개최된 제31차 위원회(방송문화진흥회 보궐이사 임명에 관한 건)도 이동관 위원장과 이상인 상임위원 등 윤석열 대통령이 추천한 2명의 위원만 참여한 상태에서 비공개로 진행됐다. 위원회는 권태선 이사의 해임에 따른 보궐이사로 김성근 전 MBC 인프라본부장 임명을 의결했다(방송통신위원회, 2023.08.29.). 또한 9월 18일에 개최된 제33차 위원회(방송문화진흥회 이사 해임에 관한 건) 역시 이동관 위원장과 이상인 상위위원 등 2명의 위원만 참여한 상태에서 비공개로 진행됐다. 위원회는 김기중 이사가 "MBC 특별감사 업무에 참여하여 MBC 감사 업무의 공정성을 저해하고 독립성을 침해"했으며 "MBC 사장 선임과정에 대한 부실한 검증 및 MBC 사장에 대한 부실한 특별감사 결과에 대한 관리 · 감독 의무를 해태", "MBC와 관계사 경영에 대한 관리 · 감독을 소홀히 했다"며 해임을 의결했다(방송통신위원회, 2023.09.18.).

한편, 야권 성향 이사진의 해임이 진행되던 시기 방송문화진흥회 이사 9명 중 여권 이사는 2명(사임 1명 포함 3명), 야권 이사는 6명이었다. 야권 이사 2명이 해임되고, 여권 이사가 임명되면 여야 구도는 5:4가 되는 상황이었다(조문희 · 강연주, 2023.08.08.). 결국 윤석열 대통령이 추천한 방송통신위원회 상임위원 2명의 결정에 따라 방송문화진흥회의 야권 이사 2명이 해임되는 상황이 연출되었다.

김기중 방송문화진흥회
이사의 해임 집행정지 신청

방송통신위원회의 해임 의결 직후인 2023년 9월 18일, 김기중 이사는 해임 취소 소송과 집행정지(효력정지) 신청서를 제출했다. 서울행정법원은 2023년 11월 1일, "해임 처분의 효력을 본안 사건 판결 선고일로부터 30일 되는 날까지 정지"한다고 결정했다. 재판부는 "해임 처분으로 인해 직무를 수행할 수 있는 기회를 박탈당하는 손해는 본안에서 승소하더라도 회복하기 어렵다"며 "해임 사유 중 상당 부분은 방문진 이사회의 심의·의결과 관련된 사항에 해당해 신청인이 이사 개인으로서 선관주의 의무를 위반했다고 보기 어렵다"고 판단했다. 김기중 이사는 곧바로 직무에 복귀했다(진선민, 2023.11.01.). 한편, 서울행정법원의 판단에 대해 전국언론노조 MBC 본부(2023.11.01.)는 "방통위의 방문진 이사 해임이 얼마나 억지였고 부당한 것이었는지를 명확히 보여주는 것"

이라는 성명을 발표했다.

권태선 방송문화진흥회 이사장의 해임
집행정지 및 임명처분 효력정지 신청

방송통신위원회의 해임 의결 직후인 2023년 8월 21일, 권태선 이사장은 해임 취소 소송과 집행 정지(효력정지) 신청서를 제출했다. 서울행정법원(2023아12470 결정)은 2023년 9월 11일, "방문진 이사 해임 처분은 본안소송 선고일부터 30일이 되는 날까지 그 효력을 정지한다"고 결정했다. 재판부는 "권 전 이사장이 방문진 이사장으로서 방문진을 대표하고 그 업무를 총괄하는 지위에 있다고 하더라도, 이사회의 심의·의결을 거친 사안에 대해 이사 개인으로서 선량한 관리자의 주의의무를 위반했다고 단정하기는 어렵다"고 봤다. 권태선 이사장은 곧바로 직무에 복귀했다(김진성, 2023.09.11.). 방송통신위원회는 "법원의 이번 결정으로 방문진의 의사결정 과정에 혼란이 발생할 수밖에 없는 상황"이라며 유감을 표했다(김기정, 2023.09.11.). 방송통신위원회는 항고를 신청했다. 이날 법원의 결정으로 방송문화진흥회는 법정 이사 수인 9명을 넘어 10명이 됐다.

한편, 서울행정법원(2023.09.18.)은 권태선 이사장이 방송통신위원회를 상대로 제기한 보궐이사 임명처분 효력 집행정지 신청을 받아들였다. 재판부는 "김성근 방문진 보궐이사에 대해 한 임명 처분은 본안 사건 1심 판결 선고일로부터 30일이 되는 날까지 그 효력을 정지한다"고 판단했다. 이에 따라 방송문화진흥회의 법정 이사 수는 다시 9명이 됐다(진선민, 2023.09.18.). 이후 서울고등법원(2023.10.30.)은 방송통신위원회의 항고 신청을 기각했다(2023루1405 결정). 그리고 서울고등법원(2023.12.20.)은 권태선 이사장이 방송통신위원회를 상대로 제기한 보궐 이사 임명처분 효력 집행정지 신청 건의 항고심에서 방송통신위원회의 항고를 기각했다. 재판부는 "MBC의 공정성 실현을 통해 방송의 공정성과 독립성을 보장하고 그에 대한 사회적 신뢰를 확보하기 위해서는 방통위법에서 정한 바와 같이 5인의 상임위원으로 구성된 방통위의 심의 · 의결에 따라 임명된 방문진 이사에게 법으로 보장된 3년의 임기와 이사로서의 심의 · 의결권을 보장해 주고, 이사의 선관주의의무 위반에 대해 사후적으로 책임을 물을 때 그 사유의 당부 판단을 엄격히 하는 것이 오히려 타당한 방법"이라고 판단했다. "2인의 심의 및 결정에 따라 이뤄진 임명처분의 효력을 유지하는 것은 방통위법과 방문진법이 이루고자 하는 입법 목적을 저해할 우려"가 있다고 본 것이다(송창한, 2023.12.20.). 방송문화진흥회는 야권 이사 2명에 대한 방송통신위원회의 해임 결정이 좌절되며, 야권 이사가 6명, 여권 이사 3명인 구도가 유지됐다.

법원의 잇따른 판정에 대해 이호찬 전국언론노조 MBC본부장은 "법원이 김성근 보궐이사 임명, 권태선 이사장 항고, 김기중 이사 해임 모두 부당하다는 결정을 내렸는데, (이는) 법원이 무리한 방송장악에 제동을 건 것"이라고 평가했다(고성욱, 2023.11.06.).

정치적 후견주의를 극복하기 위한
논리의 일관성, 비판의 일관성

권력을 창출한 세력이 방송통신위원회 위원 선임권과 방송문화진흥회의 이사 선임권의 다수를 가지게 되고, 그렇게 선임된 권력(정권) 편향적 (혹은 친화적) 이사들이 MBC의 경영을 관리·감독하고, MBC 사장을 선임하는 등의 역할을 수행하는 시스템은 객관적인 시각으로 권력을 견제하고 비판해야 할 공영방송과는 어울리지 않는다. 진보 정권, 보수 정권을 막론하고 정치적 후견주의는 극복되어야 한다.

과거 문재인 정권 시절, 공영방송 3사 노조, 그리고 국민의힘 등은 방송문화진흥위원회의 이사에 정치적 후견주의가 반영됐다고 비판한 바 있다. 윤석열 정부의 방송통신위원회 위원 구성, 방송통신위원회의 방송문화진흥회 야권 추천 이사에 대한 연이은 해임, 그리고 방송문화진흥회를 여권 중심으로 재편하려는 시도는 같은 맥락에서 비판받아야 한다. 특히 윤석열 정부의 방송통신위원회가 대통령이 추천한 2명의 상임위원만으로 의사결정을 진행했다는 점, 당당하지 못한 방식의 의사결정을 통해 임기가 보장된 야권 추천 방송문화진흥회 이사의 퇴출을 시도하고, 그 자리에 여권 추천 방송문화진흥회 이사를 투입하려 했다는 것은 토론과 합의라는 숙의 민주주의의 원칙을 저버리는 행태로 생각된다.

국민의힘은 공영방송 3사 노조가 그러하듯 과거 문재인 정부 시절, 방송문화진흥회 이사 구성의 편향성, 정치적 후견주의를 비판했던 논리로 윤석열 정부의 방송통신위원회 위원, 공영방송 이사 구성 방식, 심의·의결 방식을 비판해야 한다. 같은 맥락에서 만약 어느 날 더불어민주당이 집권하게 된다면, 윤석열 정부의 방송통신위원회를 비판했던 논리로 정치적 후견주의를 극복해야 한다. 권력에 대한 견제와 비판 기능을 담당해야 할 언론, 특히 공영방송은 정치적 영향력으로부터 완전히 독립되어야 한다. 정권이 바뀔 때마다 되풀이되고 있는 정치적 후견주의라는 악순환의 고리를 끊어내기 위한 전제조건은 정치인들의 논리적 일관성과 비판의 일관성이다.

정부가 주체가 된
가짜뉴스 퇴출과
팩트체크 논란

윤석열 대통령의 가짜뉴스 인식

윤석열 대통령은 가짜뉴스 퇴출에 진심이다. 대통령은 집권 이후 공식 석상에서 여러 차례, 지속해서 가짜뉴스에 대한 부정적 인식과 퇴출 의지를 드러낸 바 있다. 먼저 2023년 12월 19일에 개최된 제1회 대한민국언론인대상 시상식 축사에서 "최근 무차별적으로 확대, 재생산되는 가짜뉴스와 허위선동, 조작은 민주적 의사결정 시스템인 민주주의를 위협"한다며 "이런 위협을 막지 못한다면 자유·인권·법치라는 보편적 가치에 기반한 우리의 성장과 번영뿐 아니라 미래 세대의 삶마저 위협받게 될 것"이라는 의견을 제시했다(안현우, 2023.12.20.). 그리고 2023년 11월 7일에 개최된 '2023년 바르게살기운동 전국회원대회'에서는 "가짜뉴스 추방운동이 우리의 인권과 민주정치를 확고히 지켜줄 것으로 믿는다"고 발언했고(홍선미, 2023.11.07.), 2023년 6월 28일에 개최된 한국자유총연맹 제69회 창립기념 행사에서는 "조직적으로 지속해서 허위 선동과 조작, 그리고 가짜뉴스와 괴담으로 자유대한민국을 흔들고 위협하면서 국가 정체성을 부정하는 세력이 너무나 많다"고 발언했으며(유영규, 2023.06.29.), 2023년 4·19 기념식에서도 "허위 선동, 가짜뉴스, 협박과 폭력 선동이 민주적 의사결정 시스템을 왜곡하고 위협하고 있다"고 발언한 바 있다(김경호, 2023.04.20.).

이처럼 윤석열 대통령은 가짜뉴스가 자유민주주의의 적이라는 인식 아래, 자유와 인권, 법치라는 보편적 가치에 기반한 성장을 위해 가짜뉴스를 추방해야 한다는 인식을 분명히 했다. 윤석열 대통령의 가짜뉴스에 대한 인식은 자연스럽게 윤석열 정부 부처와 집권여당인 국민의힘의 가짜뉴스 인식으로 이어졌다.

팩트체크의 주체가 된 윤석열 정부:
문화체육관광부와 집권여당

대통령의 가짜뉴스에 대한 퇴출 의지는 정부 부처에서도 나타났다. 2023년 4월 20일, 문화체육관광부 박보균 장관은 "가짜·거짓 뉴스의 전파력은 의학적인 전염병보다 속도가 빠르며, 변종과 재가공 형태도 교묘하고 집요하다"고 비판했다. 또한 "가짜뉴스 악성 전염병의 지속적이고 종합적인 퇴치를 위해 부처 내 관련 TF팀의 기능과 역할을 전면 강화한다"고 말했다(문화체육관광부, 2023.04.20.). 이러한 인식 아래 정부는 한국언론진흥재단에 '가짜뉴스 신고·상담 센터' 설치, 언론중재위원회를 통한 가짜뉴스 사례 전달, 피해 구제 사례집, 대응 매뉴얼 보급, 대한민국 정책브리핑, KTV 등을 통한 사실 전달 기능 강화 등을 추진하기로 했다(문화체육관광부, 2023.04.20). 구체적으로 문화체육관광부 소속 기관인 한국언론진흥재단은 2023년 5월 9일, '가짜뉴스 피해 신고·상담센터'를 개소했다. 그리고 2023년 7월 4일에는 가짜뉴스 퇴치 TF 내에 신속대응자문단을 구성했다. 신속대응 자문단의 역할은 "광우병, 사드 전자파 사례와 같이 치명적인 사회적 혼란과 국민적 피해를 준 엉터리 정보, 선동적 괴담 생산과 진화, 전파의 전반적 과정 및 원인을 추적·분석·조언하고, 후쿠시마 오염수와 관련한 가짜뉴스 등 지금의 악성 정보의 생산·유통에 대해 전문가적 시각, 팩트체커적 관점, 국민 소통의 측면에서 다각적인 대처방안과 의견을 제시"하는 것이다(문화체육관광부, 2023.07.04.).

2023년 8월 7일, 집권여당 국민의힘 역시 윤석열 정부의 가짜뉴스 퇴출 기조에 발맞춰 관련 기구를 출범시켰다. 가짜뉴스·괴담방지 특별위원회(위원장 김장겸, 전 MBC 사장)가 그것이다. 특별위원회는 첫 회의에서 "더불어민주당 등 야권, 시민단체 등에서 제기하는 일본 후쿠시마 오염 처리수 방류문제 등 각종 현안과 관련, '가짜뉴스' 또는 선동, 괴담에 총력 대응한다"(권아현, 2023.08.08.)는 목표를 드러냈다. 특위는 2023년 9월 7일, 국민의힘 미디어정책조정특별위원회, 미디어법률단 등과 함께 김만배, 신학림, 뉴스타파와 MBC 소속 기자 7명을 윤석열 대통령(당시 대통령 후보)에 대한 명예훼손 혐의로 고발했고, 9월 14일에는 인용 보도한 시사 라디오 프로그램 진행자 김어준, 주진우, 최경영 씨 등 3명을 고발했다. 고발 사유는 형법 및 정보통신망법상 허위사실 적시에 의한 명예훼손이었다(김근수, 2023.09.14.). 또한 2023년 9월 1일, 언론노조가 KBS, MBC 등 공영매체를 장악한 후 "노영방송으로 변한 공영방송이 '생태탕' 닳도록 끓이고 '권언유착'을 '검언유착'이라 조작하고 후쿠시마 오염수 관련 괴담을 무차별 확산시키는 등 허위 조작과 극단적인 편향 보도"를 하고 있다며 "'가짜뉴스 카르텔' 철저히 수사하라!"는 성명을 발표했다(문상진, 2023.09.02.). 그리고 2023년 10월 13일에는 "가짜뉴스 대선 공작에 더불어민주당 이재명 대선 후보의 캠프가 배후였다는 의혹을 철저히 밝혀야 한다"는 수사 촉구 입장을 냈다(김연정, 2023.10.13.).

이상의 사례는 윤석열 대통령의 가짜뉴스 퇴출에 대한 의지가 문화체육관광부와 집권당의 의지로 이어져 정부와 여당이 함께 가짜뉴스 문제 해결을 위해 행동하고 있음을 보여준다. 다만, 여당인 국민의힘은 가짜뉴스라는 것이 야당 인사나 비판 언론, 언론인에게서 나오고 있다는 인식을 분명히 하고 있었고, 이들을 고발하거나 이들에 대한 수사를 촉구하는 방식이 가짜뉴스 문제 해결을 위한 방법이라는 인식을 분명히

하고 있었다.

팩트체크의 주체가 된 윤석열 정부:
방송통신위원회와 방송통신심의위원회

2023년 9월 18일, 방송통신위원회는 '가짜뉴스 근절 추진 방안'을 발표했다. 추진방안에는 방송통신심의위원회에 가짜 뉴스 신고 창구를 구축한 후 신속 심의와 구제를 하는 패스트 트랙을 활성화하는 것, 국내외 주요 포털 사업자와 공유하여 필요시(긴급재난 상황, 금융시장 등에 심각한 혼란 유발, 선 거 결과에 영향, 중대한 공익 침해, 개인 혹은 단체의 회복하 기 어려운 손해 발생 우려 등) 사업자에 선제 조치를 요청하 는 자유규제, 방송사업자에 대해 팩트체크 시스템 위반 사항 이 발생할 때 시정명령 등의 조처를 하는 것 등이 있다(방송 통신위원회, 2023.09.18.).

방송통신위원회의 가짜뉴스 근절 추진방안의 맥락에서 방 송통신심의위원회는 2023년 9월 26일, '가짜뉴스 심의전담 센터(센터장 박종훈)'를 출범시켰다. 총 17명(센터장 1명과 직원 6명, 모니터 요원 10명)으로 구성된 센터는 "긴급재난 사항, 중대한 공익 침해, 개인 또는 단체에 회복하기 어려운 손해, 금융시장 등에 심각한 혼란을 야기할 수 있는 중대 사항"을 중심으로 다루기로 했다. 아울러 "긴급 심의 사안의 경우, 신고부터 심의까지 한 번에 진행될 수 있는 원스톱 신고 처리" 시스템을 도입했다(방송통신심의위원회, 2023.09.26.). 또한 방송통신위원회는 2023년 9월 27일, 방송통신심의위원회, 네이버, 카카오, 구글, 메타 등의 국내외 포털 사업자가 참여한 '가짜뉴스 대응 민관협의체'를 출범시켰다. 가짜뉴스의 빠른 확산을 막기 위한 신속심의(패스트트랙) 등을 진행하는데, 이는 "방심위 홈페이지를 통한 가짜뉴스 신고, 방심위의 신속 심의 여부 판단, 사업자에 자율 규제 협조 요청, 방심위의 요청에 따른 사업자의 '심의 중' 표시 또는 삭제·차단 조치"의 형태로 작동한다(박효인, 2023.09.27.).

이상의 사례는 방송통신위원회가 방송통신심의위원회, 국내외 포털사와 협력하여 기사에 대한 팩트체크를 하고, 가짜뉴스의 확산을 막겠다는 강력한 의지를 보이고 있음을 보여준다. 그러나 야당과 진보적 시민사회단체들은 윤석열 정부의 방송통신위원회와 방송통신심의위원회의 가짜뉴스 심의와 결정이 뉴스타파와 인용 언론사를 대상으로 정치적으로 이루어졌다고 비판해 왔다(4장 참고). 한편, 포털사 등 민간 영역까지 정부 정책에 참여시키는 윤석열 정부의 가짜뉴스 척결의지는 정치적 외압에 의한 민간 영역 팩트체크센터 지원 중단이라는 사건(의혹) 속에서 새로운 논란을 불러일으켰다.

SNU팩트체크센터에 대한 여당 의원의 비판과
네이버의 예산 지원 중단, 그리고 비판

2023년 1월 3일, 국민의힘 박성중 의원은 "네이버가 문재인 정부 기간 60억 원의 뒷돈을 대고 '뉴스 영역'에 판을 깔아 준 SNU팩트체크센터, 한국언론학회의 팩트체크 사업이 윤석열 정부와 국민의힘을 '가짜뉴스' 선동자로 전락시켰다"고 비판했다. 그는 "SNU팩트체크센터의 작년 한 해 팩트체크 검증 결과를 조사한 결과, 윤 대통령과 대통령실, 윤석열 정부의 장관, 국민의힘 지도부의 발언을 집중 검증해 대부분 '가짜뉴스'라는 결론을 내리고 네이버 뉴스 영역에 배치해 공개"했다며, "주요 정치 현안에 대한 검증이 윤석열 정부와 보수 진영에 과다하게 집중(검증 건수 162건, 부정 비율 79%)된 반면, 민주당 정치인에 대한 검증은 절반에 불과한 데다 부정 건수 비중이 현저히 낮았다(검증 건수 총 81건, 부정 비율 57%)"고 주장했다(김연정, 2023.01.03.).

앞서 언급된 SNU팩트센터(센터장 정은령)는 비영리 팩트체크 플랫폼으로 서울대학교 언론정보연구소가 32개 언론사와 제휴 관계를 유지하고 있다. 32개 제휴 언론사에는 JTBC, KBS, MBC, MBN, SBS, TV조선, YTN, 노컷뉴스, 뉴스원, 뉴스톱, 뉴스포스트, 뉴시스, 매일경제, 머니투데이, 문화일보, 서울신문, 세계일보, 시사위크, 아시아경제, 여성경제신문, 연합뉴스, 오마이뉴스, 이데일리, 일요서울, 전북일보, 조선일보, 중부일보, 중앙일보, 채널A, 파이낸셜뉴스, 한국경제, 한국일보 등이 있다. 진보적 성향의 언론사도 있지만 보수적 성향의 언론사와 경제지가 다수 포함되어 있음을 확인할 수 있다. 한편, 네이버는 2023년 8월, SNU팩트체크센터에 대한 재정지원을 중단했고, 9월 26일부터 뉴스홈을 통해 제공하던 팩트체크 서비스를 폐지하기로 했다.

2023년 9월 25일, SNU팩트체크센터 제휴사 팩트체커는 입장문을 통해 "네이버의 '팩트체크'는 서울대 언론정보연구소 SNU팩트체크센터, 센터와 제휴한 기자들이 지난 6년간 축적해온 국내 유일의 체계적 팩트체크 콘텐츠"라며 네이버는 "팩트체크의 중요성이 나날이 커지는 시기에 오히려 팩트체크를 지워버리는 비상식적 결정을 재고"해야 한다고 주장했다(송영훈, 2023.09.26.). 시간이 지나 미디어오늘(2023.12.11.)과의 인터뷰에 나선 정은령 센터장은 네이버의 지원 중단은 "돈 문제 때문"이 아니며, 네이버가 (SNU팩트체크센터) 지원으로 피해를 볼 것을 두려워했기 때문이라고 말했다. "외압" 때문에 지원이 중단됐다는 것이다(박재준·금준경, 2023.12.11.). 이에 언론개혁시민연대(2023.12.12.)는 논평을 통해 "'가짜뉴스'를 없애겠다며 팩트체크를 탄압하는 모순적 형태는 윤석열 정부가 추진하는 '가짜뉴스 근절 대책'의 민낯을 보여준다"며, "'가짜뉴스'는 자기에게 불리한 보도이며, '가짜뉴스 대책'은 언론을 공격하기 위한 권위주의 정권의 도구"라고 비판했다.

정부가 가짜뉴스 근절의 중요성을 강조하며 팩트체크의

주체로 거듭나고 있는 상황에서 국내 유일의 민간 팩트체크 센터인 SNU팩트체크센터가 위기에 처했다는 것, 특히 정치적 외압에 의해 네이버가 SNU팩트체크센터에 대한 지원을 중단하고, 뉴스홈을 통해 제공하던 서비스를 폐지하기로 했다는 증언이 나타났다는 것은 정부·여당의 가짜뉴스 대책의 진정성을 의심케 할 수 있는 부분이다. 하루빨리 진상이 규명되어야 한다. 실제로 외압에 의해 네이버 지원이 중단됐다면 피해 기관에 대한 사과와 손해배상, 재발 방지 대책이 필요할 것이다.

한편, 언론보도는 정치권력에 대한 비판을 핵심으로 한다. 국정을 운영하는 정부와 정치인에 대한 비판과 견제는 필수적인 것이다. 물론 정부와 정치인을 비판하는 과정에서 오류가 있을 수 있고, 이는 충분히 검증될 필요가 있다. 그러나 언론보도의 오류 여부를 검증하는 팩트체크 사업을 정부가 총괄하고, 독점하는 듯한 인상을 보이는 것은 언론사의 취재, 보도 활동에 위축효과를 이끌어 낼 수 있다는 측면에서 지양되어야 한다.

윤석열 정부의 '가짜뉴스와의 전쟁'에 대한 평가

윤석열 정부는 문화체육관광부, 방송통신위원회, 방송통신심의위원회 등을 활용하여 정부 주도로 가짜뉴스의 언론사 등 오보에 대한 팩트체크를 함으로써 가짜뉴스 문제를 해결하겠다는 의지를 보이고 있다. 가짜뉴스를 없애고, 건전한 언론 환경을 만들겠다는 주장에 반대할 시민은 없을 것이다. 그러나 정부 주도의 이른바 '가짜뉴스와의 전쟁'이 바람직한지에 대해서는 이견이 있을 수 있다. 예컨대, 문화체육관광부 장관이나 방송통신위원회, 방송통신심의위원회의 위원장은 대통령이 임명한다. 그리고 대통령과 여당의 의지로 위원회의 의사 구조는 언제든 편향성을 보일 수 있다(본 책의 4장 참고). 만약, 정치적 편향성을 띤 위원(장)들이 가짜뉴스를 퇴출시키겠다며, 정부에 대해 비판적인 언론 보도의 경위를 조사하고, 심의하고, 과징금을 부여하고, 궁극적으로 언론 활동 자체를 위축시킨다면 어떻게 될까. 대통령, 정부, 여당 등 권력을 가진 공인에 대한 비판적 표현은 설 자리를 잃게 될 것이다. 정부 주도의 가짜뉴스와의 전쟁은 어떤 세력이 집권하던지 상관없이 항상 정치적으로 해석되고, 정쟁의 소재로 활용될 우려가 있다는 측면에서 바람직하지 않다. 김만권 교수는 "언론이 팩트체크를 통해 감시하는 대상이 권력인데, 그 권력이 언론사가 만든 뉴스에 대한 팩트체크를 하는 주체라는 건 매우 기묘"한 일이라고 비판한 바 있다(김만권, 2023.11.14.). 필자 역시 권력이 팩트체크의 주체가 되는 것은 필연적으로 권력에 대한 비판을 위축시킬 우려가 있다고 생각한다.

시간을 되돌려 보자. 문재인 정권 시절이던 2020년 11월 5일, 방송통신위원회는 2021년 예산에 민간이 주도하는 팩트체크센터 지원 등에 10억 4천만 원을 책정하기로 했다. 그러자 국민의힘 조명희 의원은 "세계 어디에도 전례가 없는, 정부 주도로 팩트체크를 한다는 게 말이 되냐"고 비판했다(김고은, 2020.11.06.). 필자는 조명희 의원의 생각에 동의한다. 필자 역시 정부가 주도하는 가짜뉴스와의 전쟁, 팩트체크를 위한 움직임은 언론의 자유를 위축시킬 가능성이 크다고 생각한다. 가짜뉴스에 대한 팩트체크는 민간의 영역에서 이루어지는 것이 바람직하다. 정부는 가짜뉴스 근절, 팩트체크를 위해 지원은 하되 주도하거나 간섭해서는 안 된다.

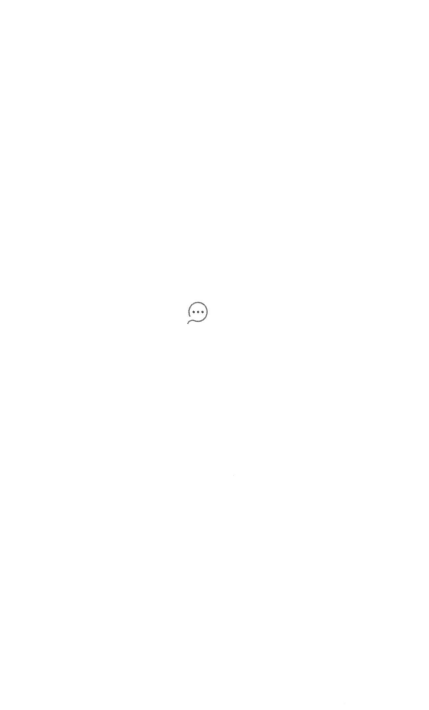

언론에 대한
검찰의 압수수색과
언론의 자유 위축

압수수색의 법적 근거와 실태

압수란 "피고사건과 관계가 있다고 인정할 수 있는 것에 한정하여 증거물 또는 몰수할 것으로 사료하는 물건"을 취득하여 유지하는 것을 의미하고(형법 제106조), 수색이란 "압수할 물건 또는 체포할 사람을 발견할 목적으로 주거·물건·사람의 신체 또는 기타 장소에 대하여 행하는 강제처분"을 의미한다(신현기 외, 2012). 형사소송법 제215조(압수, 수색, 검증) 제1항에 따르면, "검사는 범죄수사에 필요한 때에는 피의자가 죄를 범하였다고 의심할 만한 정황이 있고 해당 사건과 관계가 있다고 인정할 수 있는 것에 한정하여 지방법원판사에게 청구하여 발부받은 영장에 의하여 압수, 수색 또는 검증"을 할 수 있다. 그리고 형사소송법 제115조(영장의 집행)

제1항의 규정에 따라 "압수·수색영장은 검사의 지휘에 의하여 사법경찰관리가 집행"한다.

압수수색 영장은 구속 영장과 달리 담당 판사가 검찰이 제시한 수사 기록만을 검토해 발부 여부를 결정한다. 검찰이 압수수색 영장을 신청할 때 대부분 발부되는 구조다. 따라서 '재판 없는 처벌'로 지칭되기도 한다(김양진, 2023.02.20.). 실제로 대법원 법원행정처에 따르면 2011년 10만 8,992건이 청구된 압수수색 영장은 2022년 39만 6,671건으로 급증했다. 그리고 2022년 압수수색 영장의 발부 건수는 36만 1,476건으로 91.1%의 발부율을 기록했다(정희완, 2023.12.24, 재인용). 이처럼 압수수색 영장의 청구 건수와 발부 건수가 꾸준히 증가하고 있다. 한편 참여연대 좌담회에 참여한 이재근 협동사무처장은 윤석열 정부 출범 후인 2022년 5월 10일부터 2023년 11월 10일까지 있었던 주요 수사와 압수수색 건수를 분석한 결과를 발표했다. 분석 결과에 따르면 전 정부와 야당, 노동조합, 시민단체에 대한 수사는 22건 진행됐으며, 압수수색 횟수는 124건이었던 반면, 현 정부와 측근 인사 대상 수사는 4건, 압수수색 횟수는 24건에 불과했다(이재근, 2023.11.10., 7쪽). 현 정부의 압수수색이 정권에 비판적인 정당, 단체나 개인을 대상으로 이루어지는 경향성이 있다는 것이다. 이재근 협동사무처장은 "윤석열 정부 수사통치의 가장 큰 문제점 중 하나는 정치적 책임을 부정하는 수단이 되고 있고, 한편으로는 정치적 어려움을 해결하기 위해 압수수색이나 수사를 활용하고 있다는 점"이라고 지적했다(최창영, 2023.11.17.). 이러한 맥락에서 압수수색이 남용되지 않게 해야 한다는 주장이 설득력을 얻고 있다.

2023년 이후 언론사, 언론인 압수수색 사례

윤석열 정부 들어 언론사에 대한 압수수색 소속이 빈번히 들리고 있다. '언론 압수수색'을 키워드로 검색해 보면, 2023년에만 언론사 4곳(JTBC, MBC, 뉴스타파, 민들레)의 사옥(사무실)에 대한 압수수색이 진행됐고, 언론사 전·현직 기자와 대표 등 10명(뉴스버스 이동진 대표, 뉴스타파 김용진 대표, 더탐사 최영민 공동대표, 경향신문 이효상 기자, 손구민 전 기자, 뉴스버스 윤진희 전 기자, 리포액트 허재현 기자, 뉴스타파 한상진, 봉지욱 기자, MBC 임현주 기자)의 자택 등에 대한 압수수색이 진행됐음을 확인할 수 있다. 2023년에만 최소 8곳의 언론사 전·현직 언론인 10명에 대한 압수수색이 진행된 것이다.

2023년에 진행된 언론사(인) 대상 8건의 압수수색 중 하반기에 진행된 5건(5개 언론사, 전·현직 언론인/언론사 대표 8명)은 동일한 사건을 다루고 있다. 제20대 대통령 선거를 앞둔 2022년 3월 6일, 뉴스타파가 이른바 '김만배-신학림' 녹취 파일을 공개하여, 2011년 부산저축은행 사건 당시 윤석열 검사가 대장동 대출 브로커 조우형 씨의 사건을 무마했다는 의혹 보도와 인용 보도(해당 사건은 본 책의 4장 참고) 등이 윤석열 대통령의 명예를 훼손했다는 사건이 그것이다. 검찰은 언론의 대선후보 검증보도에 의해 대통령의 명예가 훼손된 사건을 중요한 사건으로 상정하고, 정보통신망 이용촉진 및 정보보호 등에 관한 법률 위반(명예훼손) 혐의를 입증하기 위해 전·현직 언론인의 자택과 언론사 사옥, 심지어 언론사 대표의 자택에 대해서까지 압수수색을 진행했다. 심지어 서울중앙지검은 2023년 9월 7일, '대선개입 여론조작 사건' 특별수사팀을 구성하기도 했다. "헌법상 민주주의의 근간인 선거제도를 농단한 중대 사건에 대하여 신속 엄정하게 수사하여 전모를 규명하겠다"는 것이 특별수사팀 구성의 목적이었다(전광준, 2023.09.07., 재인용).

한편, 2023년 12월 6일, 김용진 대표의 자택에 대한 압수수색이 진행된 후 뉴스타파(2023.12.06.)는 입장문을 통해 "검찰이 주장하고 있는 신학림 전 뉴스타파 전문위원의 배임수재 혐의와 윤석열 대통령에 대한 명예훼손 혐의는 아무런 근거가 없는 '소설'에 불과"하다며 검찰은 "수사 착수 석 달이 지난 지금까지 당초에 공표했던 피의 사실을 입증할 만한 아무런 증거를 제시하지 못하고" 있으며, "이는 검찰의 수사가 애초부터 무리한 것이었으며, 실상은 검찰 출신 대통령의 심기를 보호하기 비판 언론을 말살하기 위한 정치 공작에 불과했다는 것을 방증"하는 것이라고 비판했다. 아울러 "검찰이 언론사 대표의 자택까지 압수수색한 것은 민주화 이후 전례를 찾아보기 힘든 폭거"라고 비판했다.

그리고 2023년 12월 26일, 이진동 대표의 자택과 사무실 업무용 PC에 대한 압수수색이 이루어진 직후 뉴스버스(2023.12.26.)는 '보복적인 언론 탄압이다'라는 입장문을 발표했다. "부산저축은행 부실수사 의혹에 대한 기사가 대장동 개발 비리 이슈가 불거지지 않도록 하기 위해 김만배가 작동시킨 '허위 프레임'에서 나온 것이라는 막연한 망상에 가까운 추측이 수사의 근거"라며 검찰이 "이진동 대표가 김만배 씨와 수차례 연락을 주고받은 뒤 김씨의 부탁이라도 받고 부산 저축은행 부실수수의혹 취재 지시를 한 것처럼 범죄사실을 허위로 적시"했다고 비판했다.

〈표〉 2023년 이후 언론사, 언론인 압수수색 사례

날짜	압수수색 대상	사유
2023.12.26.	뉴스버스 이동진 대표 (자택, 사무실)	윤석열 대통령이 부산저축은행 사건을 수사하면서 조우형 씨 사건을 무마했다는 보도에 관여한 혐의, 대통령 **명예훼손** 혐의
2023.12.06.	뉴스타파 김용진 대표(자택)	대선 국면에서 김만배–신학림 보도로 윤석열 대통령에 대한 **명예훼손** 혐의
2023.10.26.	경향신문 이효상 기자(자택) 경향신문 손구민 전 기자(자택) 뉴스버스 윤진희 전 기자(자택)	윤석열 부산저축은행 수사 무마 의혹 보도로, 대통령에 대한 **명예훼손** 혐의

날짜	압수수색 대상	사유
2023.10.11.	리포액트 허재현 기자 (자택, 사무실)	윤석열 부산저축은행 수사 무마 의혹 보도로, 대통령에 대한 **명예훼손** 혐의
2023.09.14.	뉴스타파, JTBC(사옥) 뉴스타파 한상진 기자(자택) 뉴스타파 봉지욱 기자 (전 JTBC)(자택)	뉴스타파와 JTBC의 윤 대통령 관련 보도 과정 중 대통령에 대한 **명예훼손** 혐의
2023.05.30.	MBC 임현주 기자(자택) MBC(사옥, 뉴스룸)	한동훈 법무부 장관의 개인정보 유출 의혹
2023.04.22.	더탐사 최영민 공동대표(휴대전화)	이태원 참사 희생자 명단 공개에 따른 개인정보보호법 위반
2023.01.26.	시민언론 민들레(사옥)	'이태원 참사' 희생자 150여 명의 실명 유족 동의 없이 공개 혐의, 공무상비밀누설과 개인정보보호법 위반 혐의

시민사회단체와 언론 현업 단체들은 언론사, 언론인에 대한 압수수색이 언론인의 위축을 유발하기에 언론의 자유를 침해할 수 있다고 우려한다. 예컨대 언론개혁시민연대(2023.09.14.)는 "수사기관이 수사 편의를 앞세워 취재원 공개를 강요하거나 취재 자료를 압수수색하는 경우가 빈번하게 발생할 경우 자유로운 취재와 보도는 크게 위축될 수밖에 없다"고 우려했다. 아울러 "언론사와 기자가 정치공작에 가

담했다고 의심할 만한 단서가 아무것도 드러나지 않은 상황에서 검찰이 강제수사부터 나선 것은 비판언론에 위축효과를 주려는 의도의 '보여주기식 압수수색'이 아닌지 의심"하게 된다고 비판했다. 그리고 한국기자협회(2023.10.26.)는 "권력을 감시하고 의혹을 제기하는 것은 언론의 기본 소명 중 하나"라며 "언론이 의혹을 제기할 때마다 압수수색을 시도하고 기자들을 상대로 압력을 넣는다면 취재 활동이 위축되고 보도 내용은 경직될 수밖에 없다"는 성명을 발표했다(김도연, 2023.10.27.). 또한 김보라미 변호사는 언론사에 대한 압수수색 시도는 언론의 자유라는 측면의 고려가 충분하지 않은 상황에서 이루어지며, 언론인에 대한 압수수색이 수사 기관에 의해 과도하게 활용될 때 언론 자유가 본질적으로 침해될 수 있다고 주장했다(김보라미, 2023). 언론사에 대한 압수수색이 취재 활동을 위축시키고, 궁극적으로 언론의 자유를 위축시킨다는 것이다.

압수수색 영장 사전심문제 도입 논의

대법원 법원행정처는 2023년 2월, '압수수색 영장 사전심문제' 신설을 핵심으로 한 형사소송규칙 개정안을 입법 예고했다. 개정안에는 1) 판사가 압수수색 영장을 발부하기 전 심사에 필요한 정보를 아는 사람을 불러 심문할 수 있게 하고, 2) 전자정보 압수수색 영장을 청구할 때 검색어·대상 기간 등 집행계획을 기재하며, 3) 선별작업 등 영장 집행 시 피의자 등의 참여권 강화"등의 내용이 포함됐다(이익준, 2023.06.01.). 대법원은 "대면심리가 가능하게 되면 압수수색의 실체적 요건을 뒷받침하는 사실관계에 대해 그 내용의 진실성을 담보할 수 있고, 수사기관 입장에서도 법관에게 수사의 필요성을 상세하게 설명할 기회가 주어지는 효과가 있다"고 주장했다(진선우, 2023.02.08.). 아울러 한지형 마산지방법원 부장판사는 2023년 4월 14일에 개최된 '압수·수색 영장 대면 심리제도 논의 정책토론회'에서 대면 심리제도 도입은 "법관의 심리(審理) 수단을 확보하여 신중한 판단을 위한 여건을 조성하고, 신중한 수사를 유도함으로써 실체적 진실 발견과 국민의 기본권 보장 사이의 조화를 모색"할 수 있게 될 것이라고 주장했다(참여연대, 2023.04.14.). 그러나 대검찰청은 "범죄 수사의 초기 단계에서 압수수색영장 청구 사실과 내용이 공개되고 사건관계인들에 대한 심문 절차가 진행되면 수사 기밀 유출과 증거인멸 등 밀행성을 해치게 되고 신속하고 엄정한 범죄 대응에 심각한 장애가 될 것"이라고 비판적 의견을 표명했다(진선우, 2023.02.08.). 아울러 법무부와 고위공직자범죄수사처(공수처)도 대검찰청과 유사한 이유로 압수수색 사전심문제에 반대 의견을 제시했다(이배운, 2023.03.07.; 허경준, 2023.03.14.).

한편, 2023년 12월 6일 열린 국회 대법원장 인사청문회에서 조희대 대법원장 후보는 "최근 압수수색 문제가 굉장히 대두되고 있고, 외국에서도 이미 시행하고 있는 제도"라며 압수수색 영장 사전심문제 도입을 긍정적으로 검토하겠다고 말했다(이현승, 2023.12.05.). 그리고 2023년 12월 17일, 더불어민주당(2023.12.17.)은 "검찰의 허위 영장과 압수수색 남용은 압수수색 영장 사전 심사제도가 필요한 이유"라며 "사법부는 영장 발부를 심사함에 있어 검찰의 의견뿐 아니라 사건관계자 입장도 청취하여 실체적 진실을 바탕으로 영장 발부를 결정해야 한다"고 주장했다(진선민, 2023.12.17.). 며칠 뒤인 2023년 12월 20일, 서울신문은 조희대 신임 대법원장이 법원행정처에 "압수수색 영장 사전심문제는 규칙이 아닌 법률(형사소송법) 개정을 통해 도입하는 게 적절한 것 같다"는 의견을 전달했다고 보도했다(임주형·김소희, 2023.12.20.).

대법원이 제안한 압수수색 영장 사전심문제는 압수수색이 증가하고 있고, 과도한 압수수색에 의해 기본권이 침해되는 상황이 존재한다는 인식을 반영한 결과로 판단된다. 압수수색 영장 청구 과정에서 시민의 기본권이 침해되지 않을 수 있는 환경을 구축하기 위한 시스템 구축이 필요하다는 것이다. 특히 2023년에는 권력을 비판하고 견제해야 할 언론사에 대한 과도한 압수수색이 진행됐고, 그 결과 언론의 자유가 위축되었다는 비판의 목소리가 곳곳에서 들려왔다. 물론 법무부와 대검찰청, 공수처 등은 수사 기밀 유출과 증거인멸 등 밀행성을 해친다는 반대 의견을 제시하고 있다. 그러나 모든 수사는 적법하게 이루어져야 한다. 그리고 어떠한 수사라도 피의자의 기본권을 침해하는 방식으로 이루어져서는 안 된다. 특히 권력의 문제를 비판하는 언론사에 대한 수사(압수수색)

는 언론의 자유라는 기본권의 가치를 충분히 고려하여 신중하게 진행되어야 한다. 신중하지 않은 수사는 언론인의 자유만을 위축시키는 것이 아니라 시민의 알권리를 제한하고, 궁극적으로 민주주의 질서 자체를 훼손할 수 있기 때문이다.

공인 대상 명예훼손의 문제 개선의 필요성

필자는 압수수색 사전심문제를 도입해야 한다는 대법원장의 의견에 동의한다. 압수수색 사전심문제 도입에 따라 발생할 우려가 있는 문제를 충분히 고려한 법률이 도입될 수 있길 희망한다. 그러나 압수수색 사전심문제가 도입된다고 해서 공인을 감시, 견제, 비판하는 언론인이 온전한 언론의 자유를 누릴 수 있게 되지는 못할 것이다. 앞선 〈표 1〉에서 확인할 수 있듯 8건의 언론 압수수색 사건 중 5건은 공인(현 대통령) 대상 명예훼손 사건이었다. 압수수색 다음은 소송(재판)이다. 실제로 압수수색을 당한 언론사나 언론인의 일부는 송사가 진행 중이거나 송사를 앞두고 있다. 결국 공인에 대한 언론의 비판 기능을 강화하기 위해선 공인을 대상으로 한 언론사의 보도가 명예훼손 소송으로 비화하기 어려운 환경을 만들기 위한 제도적 노력이 필요하다.

UN자유권위원회(UN Human Rights Committee)는 2023년 11월 3일, '대한민국 제5차 정기보고서에 관한 최종견해'를 통해 "정부나 기업의 이해관계에 비판적인 견해를 밝힌 언론인이 형사 기소를 당하고, 고위 공직자와 선출직 공직자들이 자신을 비판하는 언론인을 상대로 형사 고소를 계속하고 있다는 점에 우려를 표한다"는 의견을 표명했다. 그리고 "명예훼손의 비범죄화를 고려"해야 하며, "형사법은 가장 심각한 명예훼손 사건에 대해서만 적용되도록 제한해야 한다"는 의견을 표명했다. "형사법이 언론인이나 반대 목소리를 침묵시키는 데 사용되지 않도록 보장하고, 민주주의 작동에 필수적인 비판에 대한 관용 문화를 장려해야 한다"는 의견도 덧붙였다(오픈넷, 2023.11.07., 재인용). 우리나라는 1990년 4월, UN 자유권규약을 비준한 국가로 UN자유권위원회의 권고를 존중해야 할 의무를 지고 있다. UN자유권위원회의 권고를 존중하는 것은 압수수색 영장 사전심문제 도입과 함께 공인에 의한 언론 자유 침해 문제를 해결하는 데 도움이 될 수 있을 것이다.

보다 구체적으로 공인 대상 언론보도나 시민들의 표현의 자유를 확장하기 위해서는 사실을 말했다고 명예훼손으로 처벌하는 '사실 적시 명예훼손죄'를 폐지해야 한다. 그리고 승패와 상관없이 공인에 대한 비판을 차단하기 위한 목적으로 지속적, 반복적으로 제기되는 '전략적 봉쇄소송(언론인 입막음 소송)을 금지해야 한다. 아울러 언론보도에 의해 명예훼손 피해를 입었다고 주장하는 주체가 공인(대통령, 고위공직자, 국회의원, 선출직공무원 등)일 경우 '현실적 악의 원칙'을 도입하여 보도에 악의성이 있는지를 공인이 입증하게 한 후 악의적 표현이 아니라면 표현의 자유를 폭넓게 보장하는 등 공인에 대한 언론의 비판과 견제를 폭넓게 보장하기 위한 제도적 노력이 필요하다(이정기, 2022; 2023).

취재 거부의 자유가
훼손하는 언론의 자유

취재 거부 자유의 역사, 정치권의 제 논에 물 대기식 언론 자유 인식

일찍이 취재 거부의 자유는 일찍이 노무현 정부에서 언급 된 바 있다. 2005년 8월 31일, 국정홍보처는 "정부 정책을 악 의적으로 왜곡하거나 현저하게 사실과 다른 보도를 지속하 는 매체에 대해서는 공평한 정보 제공 이상의 특별회견, 기 고, 협찬 등 별도의 요청에 응하지 않는다"는 정책홍보 업무 처리에 관한 기준을 발표했다(박형준, 2005.09.01.). 이에 대 해 양정철 대통령홍보기획비서관은 2005년 9월 7일, "악의 적으로 왜곡을 일삼거나 현저하게 사실과 다른 보도를 반복 하는 매체에 대해 코멘트와 기고 등을 거부하는 것은, 모든 취재원의 권리"기 때문에 "공직자나 기관이라고 해서 그 자구적 권리를 박탈당할 이유는 없다"고 주장한 바 있다(최현정, 2005.09.07.). 또한 당시의 통일부가 중앙일보의 기사에 대해 취재 활동을 제한한 사례에 대해 양정철 비서관은 2007년 5월 31일, "취재원에게 취재 거부의 자유가 있는 것 아니냐"고 언급한 바 있다. 이에 대해 당시 야당이었던 한나라당(현 국민의힘)의 나경원 대변인은 "국민 혈세를 쓰는 정부는 취재를 당할 의무"가 있으며 "이번 조치는 사실상 취재 폐쇄란 점에서 독재적 발상"이라며 비판한 바 있다(박승희, 2007.06.01.). 즉 당시 야당이었던 한나라당은 정부의 취재 거부의 자유가 독재적 발상이라는 관점을 견지하고 있었다.

　시간이 흘러 취재 거부의 자유라는 표현은 2022년, 윤석열 정부 시기에 재등장했다. 구체적으로 2022년 11월 9일, 윤석열 대통령은 MBC 취재진에 대해 동남아 순방 전용기 탑승에서 배제하겠다고 통보했다. 해외 순방 과정에서 대통령의 비속어 파문과 이에 대한 MBC의 보도를 문제 삼은 것이었다. 대통령실은 출입 기자들에게 보낸 문자를 통해 "MBC는 자막 조작, 우방국과의 갈등 조장 시도, 대역임을 고지하지 않은 왜곡, 편파 방송 등 일련의 사태에 대해 어떠한 시정조치도 하지 않은 상태"이며 "탑승 불허 조치는 왜곡·편파 방송을 방지하기 위한 불가피한 조치"라는 의견을 표명했다(이보희, 2022.11.10.). 이후 MBC에 대한 전용기 탑승 배제가 언론 자유에 대한 도전이라는 비판이 확산하기 시작할 무렵 '취재 거부의 자유'라는 표현이 언론에 재등장했다. 자유한국당(현 국민의힘)의 대선후보이자 유력 정당의 당대표였던 홍준표 대구시장이 2022년 11월 10일, 자신의 페이스북에 취재 거부의 자유라는 표현을 쓴 것이다. 그는 "취재의 자유가 있다면 취재 거부의 자유도 있다"며 "언론사는 취재의 자유를 제한한다고 항변하지만 취재 당하는 입장에서는 악성 왜곡보도를 일삼는 언론에 대해서는 유일한 대항수단으로 취재 거부의 자유도 있다는 것도 알아야 한다"고 주장했다(이덕기, 2022.11.10.). 한편, 더불어민주당 안호영 수석대변인은 "MBC 전용기 탑승 불허는 언론 탄압이고, 언론 길들이기"라며 비판적 입장의 논평을 했다(이현미·김병관·이복진, 2022.11.11.).

이전 노무현 정부에서 여당이었던 한나라당(현 국민의힘)은 정부의 취재 거부 자유가 독재적 발상이라고 주장했고, 윤석열 정부에서 정부와 여당의 유력 정치인은 취재 거부의 자유가 왜곡보도를 방지하기 위한 불가피한 수단이라고 주장했다. 이처럼 우리 정치권은 집권 여부, 자당이 권력을 가졌는지에 따라 동일한 상황을 독재적 발상, 언론 탄압으로 인식하기도 하고, 가짜뉴스와 왜곡보도로부터 공인을 보호하기 위한 불가피한 수단으로 인식하기도 했다. 즉 정치인들이 인식하는 언론의 자유 허용 범위는 절대적인 것이 아니라 정치적 맥락에 따라 고무줄처럼 늘어나기도 하고 줄어들기도 하는 상대적인 것이었다.

대구MBC의 비판 보도와 취재 거부의 자유

대구MBC는 2023년 4월 30일, 〈시사톡톡〉이라는 프로그램(연출 이태우, 진행 김상호 교수)에서 '대구경북신공항 새로운 하늘길? 꽉 막힌 길?'이라는 방송을 했다(대구MBC, 2023.04.30.). 방송에 출연한 이태우 기자는 "대구시와 경상북도는 TK 신공항을 통하면 대구시민이 미주와 유럽으로 단박에 갈 수 있다고 홍보하지만 직접 취재해 보니 그렇게 하는 건 지금으로서 불가능하다"고 설명했다. 국회를 통과한 신공항특별법에 활주로 3,800미터 조항이 빠져 있어서 중장거리 운행이 불가능해졌다는 것이다(김도연, 2023.11.13.; 이태우, 2023.10.30.).

2023년 5월 1일, 홍준표 시장은 간부회의에서 "최근 대구 지역 모 방송사의 신공항 관련 보도는 심각한 왜곡과 폄하 보도다. 이런 보도 행태에 대해 오랫동안 인내해 왔지만, 더 이상 방치하면 500만 대구경북시도민의 염원과 노력을 짓밟는 결과를 초래한다"고 말했다. 아울러 "취재의 자유가 있다면 취재 거부의 자유도 있다"며 "신공항특별법을 왜곡·폄하하는 모든 시도에 대해서는 강력 대응"해야 한다고 주문했다(대구광역시 보도자료, 2023.05.01.). 실제로 대구광역시(2023.05.01.)는 공보관 명의로 대구MBC가 공식으로 사과하는 등의 조처를 하지 않을 때 대구MBC가 요구하는 취재를 거부하겠다는 의사를 표명했고, 5월 2일부터 대구MBC 출입 기자에 대해 보도자료와 시정 자료를 제공하지 않기로 했다. 이후 대구광역시의 공사, 공단, 출자, 출연기관 등에 대구MBC와 대구MBC에 준하는 곳(뉴스민, 프레시안, 스픽스)에 대한 취재(전화 취재, 방문 취재, 인터뷰 요청 등)를 거부하라고 지시하기도 했다(박지은, 2023.05.09.).

한편, 대구광역시의 대구MBC 대상 취재 거부가 지속되던 2023년 11월 29일, 대구시민단체연대회의와 전국언론노동조합대구경북협회(대구일보, 대구CBS, 대구MBC, 매일신문, 안동MBC, 영남일보, 포항MBC, KBS대구경북, TBC대구방송)는 기자회견을 통해 "취재거부 사태를 홍준표 시장이 무슨 말로 치장하든 이는 언론 길들이기이자 언론 탄압"이라고 비판했다(박성동, 2023.11.03.). 또한 기자회견에 참여한 전국언론노동조합 천대성 대구경북협의회 의장은 "행정을 감시하는 언론이 시정에 대해 의문을 제기하고 비판을 했다며 고소·고발을 남용하는 광역단체장이 제대로 된 정치인"인지 의문이라며 "홍준표 시장은 이번 고소뿐만 아니라 대구MBC를 대상으로 취재 거부, 대구시청 공무원을 통한 고소 등 자신을 비판하는 언론을 대상으로 재갈을 물리려는 시도"를 계속하고 있다고 비판했다(윤영균, 2023.11.29.). 결국 2023년 12월 7일, 대구MBC는 대구광역시를 대상으로 '출입 및 취재방해 금지 가처분 신청서'를 제출했다. 대구MBC는 여전히 공인에 대한 취재의 자유를 제한당하고 있다.

공인(대구광역시)의 언론사 대상 명예훼손 소송

대구광역시는 대구MBC 등에 대한 취재 거부와 함께 대구MBC 제작진에 대한 고발 조치도 단행했다. 구체적으로 대구광역시 이종헌 신공항건설본부장은 2023년 5월 8일, 대구MBC 보도국장과 프로그램 출연자 등 4명을 허위사실 적시 명예훼손 등으로 고발했다. 고발의 이유는 "사실을 의도적으로 왜곡하여 언론의 정도를 벗어난 편파 허위 방송"을 했다는 것으로 요약된다(대구광역시 보도자료, 2023.05.09.). 그러나 대구 수성경찰서는 2023년 10월 23일, "대구MBC의 방송 내용은 미래를 가정하는 내용으로 사실의 적시라기보다는 의견표현에 불과하고, 공공의 이익에 관한 것으로 비방에 해당하지 않는다"며 이종헌 신공항건설특보의 고소에 대해 불송치 결정을 내렸다.

수성경찰서장의 불송치 결정이 나오자 대구광역시는 이의신청을 했고(김도연, 2023.11.08.), 2023년 11월 13일, 대구MBC의 보도가 홍준표 시장의 명예를 훼손했다며 관계자를 명예훼손으로 고발했다. 대구시는 "대구시정에 대한 시민의 불신을 야기시킴으로써 대구시정이 입은 피해는 막대하며, 홍준표 시장의 TK신공항 공약에 대해 허위 사실로 악의적인 의도를 가지고 가짜뉴스를 방송한 것으로 엄벌에 처해야 될 것"이라고 고발의 이유를 밝혔다(대구광역시 보도자료, 2023.11.13.).

공인의 명예권 VS 시민의 알권리

대통령, 국회의원, 시장 등 선출직 공무원은 국민을 대표해 일하는 공인(public figure)이다. 공인은 사인보다 표현의 영향력이 크고, 자신의 의견을 표명할 언론에 대한 접근권이 크다. 공인은 시민을 대신하여 공적인 일을 수행하기 때문에 시민과 언론의 비판과 견제를 받아야만 한다. 공익성이 있는 보도, 사실 보도(또는 사실이라고 믿을 만한 상당한 이유가 있는 보도)의 경우 공인에 대한 인격권을 침해하는 표현이 있다고 해도 폭넓게 허용되어야 한다. 공인은 명예훼손적 표현의 수인 범위가 사인에 비해 크기 때문이다. 최근에는 국가인권 위원회, 프리덤 하우스, UN 등이 국내 언론 자유를 확장하기 위해 공인에 의한 임시조치의 폐지, 명예훼손죄의 비범죄화, 공인에 의한 전략적 봉쇄 소송의 제한, 사실 적시 명예훼손죄 의 폐지 등이 필요하다는 권고를 하고 있는 상황이다(이정기, 2022; 이정기, 2023).

물론, 언론이 공인의 활동에 대해 잘못된 보도를 할 수도 있다. 그 경우 공인은 반론권을 행사할 수 있다. 자신의 페이 스북이나 유튜브를 통해 직접 메시지를 전달할 수 있을 것이 고, 잘못된 보도를 했다고 판단되는 방송에 나가 스스로 해명 하거나 토론하거나 기관 보도자료를 통해 자신의 입장을 언 론에 전달할 수도 있을 것이다. 그것으로 모자란다면 언론중 재위원회에 피해 구제를 요청할 수도 있다. 이러한 최소한의 조치 없이 곧바로 언론사에 취재 거부를 통보하거나 연이은 소송을 제기하는 방식은 언론 활동의 자유를 심각하게 위축 시키고, 시민 알권리를 침해하는 행위로 판단될 수밖에 없다. 대구 수성경찰서의 불송치 결정이 있었음에도 대구시 공무원 과 대구시의 연이은 소송 제기는 비판 언론에 대한 전략적 봉쇄소송으로 언론을 탄압하는 모습으로 비칠 여지가 있다. 현재 진행 중인 출입 및 취재방해 금지 가처분 신청서가 인용될 경우, 그리고 명예훼손 소송에서 패소할 때 대구광역시는 수개월 동안 언론의 자유를 훼손하고, 시민의 알권리를 제한한 잘못을 어떻게 배상할 것인가. 선출직 공무원의 취재 거부의 자유와 언론사의 언론의 자유가 충돌되는 상황은 시민의 알권리를 제한하는 결과만을 초래할 뿐이다. "국민 혈세를 쓰는 정부는 취재를 당할 의무"가 있다. (대구광역시의 대구MBC에 대한 취재 거부는) "사실상 취재 폐쇄란 점에서 독재적 발상"이다(박승희, 2007.06.01.). 국민의힘의 전신인 한나라당 대변인의 말이다.

일러두기

이 책의 초고가 마무리되고 계약서를 작성하는 시점이었던 2024년 1월 31일, 대구지방법원은 대구MBC가 대구광역시를 대상으로 제기한 '출입 및 취재방해 금지 가처분 신청서'에 대해 인용 결정을 내렸다. 재판부는 "대구시와 홍준표 시장은 직접 또는 소속 직원들에게 대구 MBC의 취재 일체를 거부하라고 지시하는 방법으로 기자 등의 취재 목적 출입이나 취재를 방해해선 안 된다"고 판단했다(한선무, 2024.01.31., 재인용). 이에 대해 홍준표 시장은 "취재에 응하고 말고는 우리(대구시)의 자유"라는 입장을 재차 밝혔다. 자신을 "취재를 방해한 일"이 없고, "단지 취재에 응해주지 않았다"는 것이다(백경열, 2024.01.31, 재인용).

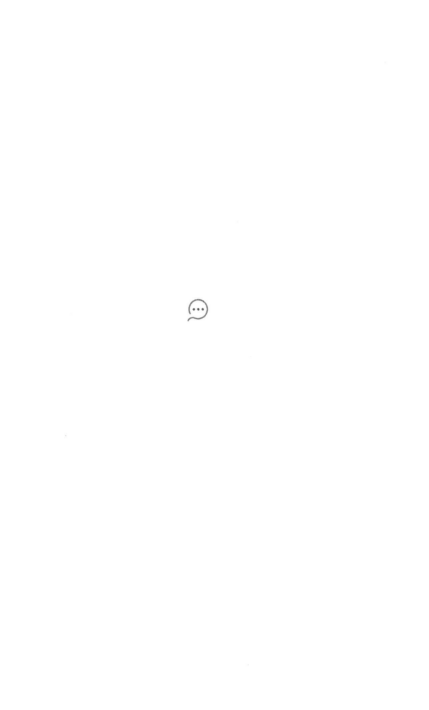

페이스북의
정치적 표현 검열과 과제

홍범도 장군 흉상 이전 논란

2023년 8월 15일, 제78주년 광복절 경축식에 참석한 윤석열 대통령은 경축사에서 "공산전체주의 세력은 늘 민주주의 운동가, 인권 운동가, 진보주의 행동가로 위장하고 허위 선동과 야비하고 패륜적인 공작을 일삼아 왔다"며 "우리는 결코 공산주의 세력, 그 맹종 세력, 추종 세력들에게 속거나 굴복해서는 안 된다"고 말했다. 또한 "일본은 이제 우리와 보편적 가치를 공유하고 공동의 이익을 추구하는 파트너"라며 "미래지향적으로 협력하고 교류해 나가면서 세계의 평화와 번영에 함께 기여"해야 한다는 의견을 피력했다(양소리, 2023.08.15.). 대통령의 광복절 경축사에 대해 더불어민주당, 정의당 등 야당의 인사는 "치욕의 연설", "분열통치하겠다는 선전포고”, “매카시즘 선동이자 대한민국의 뿌리인 독립운동과 민주주의 역사에 대한 모욕”이라며 비판했고, 김종인 등 일부 보수 인사도 “국민 통합을 위해 바람직하지 않다”며 비판의 목소리를 냈다(조미덥·신주영, 2023.08.16., 재인용).

　윤석열 대통령의 경축식에서 시작된 이념논쟁은 2023년 8월 25일, 육군사관학교의 홍범도 장군 흉상 철거 계획 발표로 이어졌다. 2018년 3.1절 99주기를 맞아 육군사관학교 충무관 앞에 세운 홍범도 장군, 지청천 장군, 이회영 선생, 이범석 장군, 김좌진 장군 등 독립유공자 5인의 흉상을 교내외로 이전하는 방안을 검토했다는 사실이 알려지며 논란이 발생한 것이다. 국방부는 기자단에게 보낸 문자를 통해 “충무관 앞에 조성된 기념물을 독립운동이 부각되는 최적의 장소로 이전하는 방안을 검토 중”이라며, “공산주의 국가(체제)인 북한의 침략에 대비해 자유민주주의와 대한민국을 수호하는 장교 육성이라는 육사의 정체성 고려 시 소련공산당 가입 및 활동 이력 등 여러 가지 논란이 있는 분을 육사에서 특히 생도교육의 상징적인 건물의 중앙현관에서 기념하는 것은 적절하지 않은 것으로 평가됐다”고 교내외 이전 취지를 설명했다(노민호,

2023.08.26., 재인용). 1927년 소련 공산당 가입 이력이 있는 것으로 알려진 홍범도 장군(노민호, 2023.08.26.)이 자연스럽게 흉상 이전의 원인이 되었음을 예측케하는 부분이었다. 한편, 광복회는 "독립유공자 흉상 철거 시도가 최근 일련의 독립운동 역사를 폄훼하는 반헌법적 행태와 무관하지 않은 일로 보고 있다"며 비판했다(신대원, 2023.08.25.). 야당의 비판도 이어졌다. 2023년 10월 25일, 더불어민주당과 정의당, 기본소득당, 진보당 등 야당과 무소속 의원 등 181명은 '육군사관학교 내 독립유공자 흉상 등 존치 촉구 결의안'을 발의했다(최유경, 2023.10.25.).

홍범도 장군에 관한 이동순 교수의 '시' 삭제 사건

2023년 9월 1일, 이동순 시인(영남대 명예교수)은 자신의 페이스북에 〈홍범도 장군의 절규〉라는 창작 시를 게재했다. 홍범도 장군의 시각에서 육군사관학교의 독립운동가들의 흉상을 이전하려고 하는 국방부와 정치권을 비판한 풍자한 '시'였다(김시연, 2023.09.21.). 이 시가 포스팅 된 날, 세계일보

(김동환, 2023.09.01.), 한국일보(원다라, 2023.09.01.), 대구
MBC(이태우, 2023.09.12.), 노컷뉴스(박영규, 2023.09.01.)
등 많은 언론은 원문 전체 또는 일부를 게재했다(원문은 김동
환, 원다라, 박영규의 기사 링크(참고문헌) 참조).

그러나 9월 2일, 페이스북을 운영하는 메타(Meta)는 이
글이 '혐오발언'에 해당된다며 삭제했고, 이 계정을 '경고' 조
치했다. 메타는 이 글이 "정체성을 바탕으로 개인 또는 집단
을 열등한 대상으로 묘사하면서 공격하는 콘텐츠를 공유"한
것 같다며 조치의 이유를 설명했다. 오마이뉴스는 시의 내용
중 "왜놈"이라는 표현을 문제 삼은 것으로 추정된다(김시연,
2023.09.12.)고 분석했다. 아래는 문제가 된 것으로 추정된
시의 구절이다.

　　이런 수모와 멸시 당하면서
　　나, 더 이상 여기 있고 싶지 않네
　　그토록 그리던 내 조국강토가
　　언제부터 이토록 왜놈의 땅이 되었나

　　해방조국은 허울뿐

어딜 가나 왜놈들로 넘쳐나네
언제나 일본의 비위를 맞추는 나라
나, 더 이상 견딜 수 없네

- 이동순 시인의 시 〈홍범도 장군의 절규〉 중
  문제가 된 것으로 추정되는 8연과 9연

    문제는 이동순의 시가 담긴 포스팅이 페이스북에서 삭제되기 이전에 상당수 언론을 통해 시 전체 또는 일부가 소개되었고, 기사 검색을 통해 언제든지 관련 내용을 확인할 수 있는 상황임에도 해당 포스팅이 혐오발언이라며 삭제한 것에 대한 '의아함'이 존재했다는 것이다. 또한 오프라인 매체에 비해 표현 촉진적 매체로 알려진 인터넷 공간에서 오히려 전통 언론보다 더 강한 검열이 이루어지고 있다는 것에 대한 '반감'이 존재했고, 현 정부의 역사 인식과는 다른 이동순 시인의 글에 대한 삭제가 비판 세력의 표현의 자유를 위축시키려는 정치적 목적을 가진 것 아닌가 하는 '의혹'이 제기되기 시작했다는 것이다.

페이스북 포스팅 삭제에 대한
지식인들의 비판과 기타 사례

이동순 시인의 창작 '시' 삭제 건에 대해 박경신 교수(고려대 법학전문대학원)는 "'왜놈'이라는 표현은 나라를 빼앗긴 약자가 강자에게 저항하는 일종의 '저항표현'이어서 '혐오표현'이라고 보기는 어렵다"고 평가했다. 메타가 "지역적 특성과 역사적 맥락"을 놓쳤다는 것이다. 아울러 김동규 교수(동명대 광고홍보학과)는 페이스북 포스팅(2023.09.08.)을 통해 "시구 속의 '왜놈'이라는 단어는 결코 비속어가 될 수 없다. 격정과 절규로 형상화된 '문학적 표현'이기 때문"이라고 평가했다(김시연, 2023.09.12., 재인용). 박경신과 김동규는 모두 '왜놈'이라는 표현이 표면적으로는 혐오표현으로 보일 수 있으나 맥락상 혐오표현일 수 없다며 메타를 비판했다.

한편, 류근 시인은 2023년 9월 3일, 페이스북 포스팅을 통해 "며칠 전 일본을 공격했다는 이유("일본은 세계의 재○이 맞다. ○악한 놈들")로 삭제당한 후 계정 제한, 계정 경고, 노출 억제 등의 제재를 받고 있다"며 "종래의 약 70%가량 노출 숫자가 줄었다", "유신 독재식 검열과 횡포"라고 비판했다. 비숫한 맥락에서 작가이자 연극연출가인 김상수는 2023년 6월 18일, 페이스북 포스팅을 통해 "윤석열, 김건희, 국힘당 비판 포스팅 등 정치 관련 글은 강제 노출 빈도 제한과 잠금을 당하고 있다"고 비판했다. 그는 "알고리즘으로 강제를 당하니 가독률이 떨어지고 따로 일일이 검색해야만 읽을 수 있다는 페이스북 친구들 댓글"이 달리고 있다고 말했다. 아울러 비정치적인 이야기에는 좋아요가 많이 나오고, 정치적인 글에는 좋아요가 적게 나오는 현상이 발생하고 있다고 비판하기도 했다(민병선, 2023.06.17.). 이러한 상황은 필자도 경험했다. 페이스북에 현 정권에 대해 비판적인 글을 쓰곤 하는 동명대 김동규 교수는 필자의 페이스북 친구다. 김동규 교수의 포스팅이 삭제당한(이동순 시인 사건 관련) 시점 이후 김동규 교수의 다른 글들이 필자의 피드에 거의 노출되지 않았다. 그런데 페이스북 친구 목록에서 그를 검색해 보니 그는 여전히 활발히 글을 쓰고 있었다. 실제로 김동규 교수는 필자에게 자신의 포스팅을 보는 사람 수와 좋아요 수가 최근 상당히 줄었다 말하기도 했다. 이밖에 2023년 6월 14일, 캐리커처 작가인 아트만두가 국민의힘 김기현 대표를 풍자한 그림을 포스팅했다가 다음 날인 15일, 혐오발언으로 규정되어 차단된 사례도 있다(민병선, 2023.06.17.). 메타에 대한 이의제기가 기각되자 16일, 칠대삼창작자집단은 성명서를 통해 "윤석열 정권이 들어선 후 예술가의 표현의 자유를 과도하게 규제하고, 감시하고 억압하는 일이 비일비재해졌다"며 "아트만두 작가의 작품을 대한 메타 측의 규정을 들어 삭제를 한 것은 단순히 예술가들에 대한 억압이 아니라, 전반적으로 자유롭고 공정한 사회를 위협하는 행위"라고 비판했다(서라백, 2023.06.15.).

이상의 사례는 메타(페이스북)가 자체 알고리듬을 활용하여 기계적으로 특정 게시물을 평가 후 삭제함으로써 페이스북 이용자의 표현의 자유와 창작의 자유를 침해하는 상황이 지속적으로 나타나고 있음을 보여준다. 또한 한번 혐오표현으로 낙인찍힐 경우 페이스북 포스팅 노출이 극도로 제한되는 등 추가적인 제재를 받는 상황이 발생하고 있음을 보여준다.

페이스북 접속거부 운동

이러한 상황 인식은 페이스북 접속거부 운동을 이끌어 낸다. 페이스북 접속거부 운동을 시작한 사람은 동명대 김동규 교수다. 기는 2023년 9월 8일, '페이스북코리아의 검열과 표현자유 탄압에 대한 시민적 저항운동을 제안합니다'라는 포스팅을 통해 "홍범도 장군 흉상 철거에 분노한 이동순 시인의 저항시 〈홍범도 장군의 절규〉, 이 작품을 페이스북 코리아가 무단 삭제한 작태를 비판하며 제가 올린 〈내가 홍범도고 내가 이동순이다!〉라는 포스팅이 오늘 아침 무단 삭제"됐으나 "원본 글의 전문을 그대로 옮겨 적은(복붙) 페친들 포스팅은 대다수 남아있는 걸로 봐서, 저 개인을 표적으로 삼은 삭제 행위가 명백하다고 판단"된다며 페이스북 접속거부 운동의 필요성을 설명했다. 이후 2023년 9월 22일 페이스북 포스팅에서는 "윤석열 정부 출범 이후 정부 비판 특히 대일 정책 비판 포스팅을 대상으로 노출 제한이 실행된다는 광범위한 의혹이 제기되어 왔다"며 "그 가장 확실한 사례가 이동순 시인의 〈홍범도 장군 시작품 시리즈〉에 대한 무차별적, 노골적 탄압"이라고 주장했다. 또한 페이스북 사용자를 향한 게시물 삭제와 계정 제한이 광범위하게 이루어지고 있음에도 일체의 구체적인 설명이 없다며, '자발적 페이스북 접속거부 운동(온라인 시민 불복종 운동)'을 제안했다. 그는 페이스북(10월 1일)에 "페이스북코리아가 광범위하게 자행 중인 반헌법적 게시물 검열과 표현자유 탄압에 대한 공식 사과, 명시적이고 구체화된 한국 내 페이스북 게시물 관리 규정의 공표 및 적용, 현 페이스북코리아 경영진의 사퇴 및 게시물 관리 정책 전면 수정" 등 3가지를 요구했다. 자발적 페이스북 접속거부 운동은 2023년 10월 3일과 11월 1일 2차례 진행됐다. 그는 2024년 현재도 다양한 칼럼, 페이스북 포스팅을 통해 관련 문제를 꾸준히 제기하고 있다.

페이스북 검열? 이후의 과제

페이스북을 운영하는 메타(Meta)가 고도의 정치적인 판단을 하고 있는지, 아닌지의 인과관계는 실증적으로 확인하기 어렵다. 혐오표현을 규제하여 표현의 자유를 폭넓게 보호하겠다는 메타 측의 방침도 큰 틀에서 틀리지 않다. 그러나 혐오표현을 제한하기 위한 메타의 기계적 노력으로 국내 누리꾼과 지식인, 예술가의 표현의 자유, 권력에 대한 비판과 풍자의 자유가 침해되는 사례가 꾸준히 나타나는 것도 사실이다. 선의의 정책이 창작자의 표현의 자유, 풍자와 예술의 자유를 침해하는 방식으로 나타난다면, 그 정책은 더 이상 선의의 정책일 수 없다. 개선이 필요한 정책으로 간주해야 한다.

무엇이 혐오표현인가 하는 문제는 기계적인 잣대로만 판단하기 어려운 부분이 있다. 이는 메타(Meta) 측도 인정하는 부분이다. 메타는 약관을 통해 그들이 언제나 옳은 것은 아니라며 "콘텐츠 삭제 조치가 잘못되었다고 생각하는 경우 해당 결정에 대해 재고 요청을 할 수 있다"고 명시하고 있다. 그러나 문제는 콘텐츠 삭제 시 그 이유에 대한 충분한 설명이 부족하고, 재고 요청 설명이 영어로 이루어져 있는 것에서 확인할 수 있듯 재고 요청 과정의 접근성이 떨어지며, 위에 제시한 몇몇 사례에서 확인할 수 있듯 삭제 글의 재게시가 이루어진 사례도 충분치 않다. 이러한 상황은 게시글을 삭제당한 사람들의 불만 인식을 높일 뿐이다. 신중한 콘텐츠 삭제, 콘텐츠 삭제 시 충분한 설명 시스템 도입, 재고 요청 절차에 대한 접근성 제고와 같은 시스템의 개선이 필요하다.

한편, 일반 시민(사인)을 향한 '비판적 표현'과 권력자와 공인을 향한 '비판적 표현'의 크기와 무게가 같을 수 없다. 만약 비판적 표현의 대상자가 대통령, 국회의원, 시장 등 공인이라면 그에 대한 비판적 표현은 폭넓게 보장될 필요가 있다. 물론 권력자나 다수자들이 결혼이주민, 장애인, 북한이탈주민(새터민), 성소수자와 같은 사회적 소수자에 대해 자행하는 혐오표현은 소수자들의 표현을 제한하는 결과를 초래하기에 어떠한 상황에서든 규제되어야 할 것이다. 즉 혐오표현과 명예훼손적 표현의 판단에는 표현 대상자와 표현자의 공인, 사인 여부가 반드시 고려되어야 한다. 권력에 대한 비판과 견제는 민주주의의 기본 가치이기 때문이다. 권력에 대한 비판적 표현, 풍자적 표현이 혐오표현, 명예훼손적 표현이라는 명목으로 검열, 규제된다면 시민은 위축효과를 느껴 더 이상 권력에 대해 비판하지 않게 될 것이다. 그것이 메타가 바라는 세상은 아닐 것이다. 메타는 혐오표현을 판단하는 알고리듬을 질적으로 보완하여 정당한 비판적 표현이 혐오표현으로 규정되기 어려운 환경을 조성해야 한다. 혐오표현의 범위를 더욱 과학적으로 조사하고, 표현 대상의 특성을 고려한 판단이 이루어질 때, 메타의 페이스북 포스팅 검열 가능성에 대한 비판의 목소리가 극복될 수 있을 것이다.

또 다른 언론의 자유 관련 이슈: 더불어민주당의 언론의 자유 인식

더불어민주당의 2023년 언론중재 및 피해구제 등에 관한 법률 일부개정법률안과 비판

2023년 6월 29일, 더불어민주당 김승남 의원 등 15인(13인 더불어민주당, 2인 무소속)은 '언론중재 및 피해구제 등에 관한 법률 일부개정법률안'(의안번호 2122955)을 발의했다. 개정안은 "언론사 등의 언론보도 등으로 명예나 권리를 침해당하는 경우, 이에 대한 정정보도나 반론보도, 추후보도 등을 청구하면, 조정절차를 통해 피해구제를 하도록 정하고 있으나, 현행법에 따라 조정신청을 하는 경우, 조정은 신청 접수일로부터 14일 이내에 하게 되어 있어 조정절차가 종료되기 전에 해당 언론보도가 인터넷 매체를 통해 급속하게 전파"된다며, 언론중재위원회가 조정신청을 받을 때 "정정보도청구 등을 받은 해당 기사에 대한 접근을 차단하는 등 임시조치 등을 할 수 있도록 근거를 신설하는 한편, 기사제공언론사가 정정보도청구 등을 받은 사실을 이용자가 알 수 있도록 대통령령으로 정하는 방법으로 게재하도록 하는 근거를 신설하여 언론보도로 인한 명예훼손 등의 위험으로부터 국민의 명예나 법익을 보호"하겠다는 내용을 핵심으로 한다. 제18조의2(임시조치 등)의 신설을 통해 중재위원회가 조정 신청을 받으면 정정보도청구 등을 받은 기사에 대한 접근을 30일 이내로 차단(임시조치)해야 한다는 것이다.

이에 대해 국가인권위원회(2023.11.02.) 상임위원회는 '언론중재법 일부개정법률안'에 대한 의견을 표명했다. 국가인권위원회는 "조정이 신청되었다는 이유만으로 선제적으로 접근을 차단하는 것은, 헌법에서 금지하는 사전 허가, 검열과 유사한 효과를 발휘하게 되며, '시의성' 보장이 무엇보다 중요한 언론 자유의 본질적인 내용을 침해하는 방식"이라고 주장했다. 또한 해당 법률안은 전체 언론 보도의 유통을 금지하는 것은 과잉 제한이고, 침해의 최소성의 원칙을 위배하는 것이며 "인터넷을 통한 언론 보도를 최장 30일 동안 차단함으로

써 공적 관심 사안에 대한 국민의 알권리 내지 정보접근권을 제한"하는 것은 비판과 여론 형성을 저해할 가능성이 있다고 주장했다. 더불어민주당의 언론중재 및 피해구제 등에 관한 법률 일부개정법률안(의안번호 2122955)은 언론중재위원회의 조정신청만으로 기사를 30일 이내로 차단하는 방식이다. 이 법안은 정보통신망 이용촉진 및 정보보호 등에 관한 법률 제44조의2, 제44조의3에 따라 포털 게시글에 의해 사생활 침해나 명예훼손 등의 피해를 보았다는 주장만으로 게시글을 30일 이내로 차단하는 임시조치와 유사한 기능을 하여 언론의 자유를 침해할 소지가 있다고 보인다. 아울러 더불어민주당의 언론중재 및 피해구제 등에 관한 법률 일부개정법률안은 윤석열 정부에서 언론자유대책특위를 출범시키는 등 언론자유를 폭넓게 보장해야 한다고 주장하고 있는 더불어민주당의 지향성과는 다른 지향성을 가진 법안으로 보인다.

더불어민주당과 국민의힘의
2021년 '언론중재법 개정안'에 대한 인식은?

윤석열 정부의 언론 자유 인식, 언론 정책에 대한 더불어민주당의 비판은 일면 타당하다. 권력 견제를 위한 언론의 비판 기능이 위축될 경우 민주주의는 훼손될 수밖에 없다. 방송통신위원회, 방송통신심의위원회, 공영방송 이사 구성 시의 정치적 후견주의의 문제, 언론사와 언론인에 대한 과도한 압수수색, 고발 등의 문제는 언론시민단체, 언론현업단체로부터 언론의 자유를 위축시키는 원인으로 평가받고 있는 영역이었다. 더불어민주당이 언론자유대책특별위원회를 출범시킨 후 해당 문제에 대해 지속해서 의견을 표출하고 있는 것은 정부·여당을 견제하고, 비판해야 할 야당이 마땅히 해야 할 일을 한 것이라고 판단된다. 정부와 집권여당에 대한 비판과 견제는 장려되어야 할 부분이다.

그러나 2023년 6월 29일, 더불어민주당 주도로 발의된 언론중재 및 피해구제 등에 관한 법률 일부개정법률안(의안번호 2122955)에서 확인할 수 있듯 현재 더불어민주당의 언론 정책도 언론 자유를 위축시킬 여지가 충분하다고 생각된다.

더구나 더불어민주당은 집권하고 있던 2011년 징벌적 손해배상제도로 대표되는 '언론중재 및 피해구제 등에 관한 법률 일부개정법률안(의안번호 2111047)'을 제안한 바 있다. 이 법안은 한국 언론의 가장 큰 문제가 가짜뉴스라는 전제하에 "허위·조작정보의 보도에 따른 손해배상책임을 강화하여 가짜뉴스, 왜곡보도로 인한 국민의 피해를 최소화하고, 허위·조작보도에 대한 피해구제의 실효성을 제고"한다며 "언론 등의 고의 또는 중대한 과실로 인한 허위·조작보도에 따른 피해자는 인정되는 손해액의 3배 이상 5배 이하의 배상을 언론사 등에 청구할 수 있고, 구체적인 손해액 산정이 어려운 경우 피해 정도 등을 종합하여 5,000만 원 이상 1억 원 이하의 범위에서 손해액"을 정한다는 내용을 핵심으로 한다(김용민 등 10인, 2021.06.23.). 당시 야당이었던 국민의힘 원내대표 김기현 의원은 "가짜뉴스로 인한 피해구제를 명분으로 내세우고 있지만, 진짜 목적은 언론을 통제하고 장악해 정권비판보도를 원천봉쇄하겠다는 데 있음을 누구나 명확히 인식하고 있다"고 비판한 바 있다(이현미, 2021.08.19.). 그리고 국가인권위원회와 언론현업 4단체(전국언론노동조합, 기자협회,

PD연합회, 방송기자연합회), 정의당 등도 더불어민주당의 언론중재법에 대해 반대했다. 형법상 명예훼손죄가 폐지되지 않고 있고, 전략적 봉쇄소송을 금지하기 위한 노력이 선행되지 않은 상황에서 언론중재법이 도입되면 공인에 대한 언론 자유가 위축될 수 있다는 것이 비판의 근거였다.

이는 더불어민주당이 여당이었던 시절, 가짜뉴스와 허위, 조작 보도의 문제를 매우 심각한 문제로 인식하여 이를 개선하기 위한 법적 규제를 시도했음을 확인할 수 있다. 이에 대해 국민의힘은 더불어민주당의 법적 규제 시도가 언론의 자유를 침해할 것으로 인식했다. 반면, 국민의힘이 집권여당이 되자 이제는 가짜뉴스와 허위, 조작 보도의 문제를 심각한 사회적 문제로 인식하여 이를 개선하기 위한 기관을 설립했고, 가짜뉴스를 보도, 인용 보도했다고 판단한 인터넷 언론과 공영방송의 보도에 대해 징계조치를 했으며, 공영방송 지배 구조 개선을 위한 방송 3법에 대해서는 반대 의견을 밝혔다. 이에 대해 더불어민주당은 국민의힘의 이러한 조치가 언론의 자유를 침해한다고 판단했다. 이때, UN자유권위원회와 언론 현업 4단체, 그리고 진보적 시민사회단체와 정의당 등도 국민의힘의 이러한 조치에 반대 의견을 밝혔다. 예컨대 정의당 배진교 원내대표는 국회 비교섭단체 대표 연설(2023.06.21.)을 통해 "집권만 하면 언론부터 길들이려는 여당의 못된 습관은 여전"하다고 비판했다. 그는 "집권만 하면 피해자 코스프레를 시작하고 야당이 되면 정반대로 언론 자유의 수호자 코스프레를 시작한다"며 "마치 서로가 내로남불의 무한궤도에 빠진 것처럼 역할만 바꿀 뿐"이라고 지적했다(조현호, 2023.06.21.).

2024년 현재, 2021년과는 정반대의 정치적 지형이 형성되었다. 정의당 배진교 원내대표의 말처럼 2021년 당시 언론 자유의 수호자 역할을 자처했던 야당(국민의힘)은 여당이 됐고, 2021년 당시 집권여당으로 언론의 악의적 보도의 피해를 예방해야 한다며 언론 규제 정책을 시도했던 더불어민주당은 야당이 되어 언론 자유의 수호자가 됐다. 그리고 2021년 당시 언론의 수호자 역할을 했던 야당(국민의힘)은 여당이 된 후 언론의 가짜뉴스, 악의적 보도의 피해를 예방해야 한다며 규제 정책을 시도하고 있다. 거대 야당의 언론정책이 내로남불의 무한궤도 속에서 허우적거리고 있을 때, UN자유권위원회와 국가인권위원회, 언론현업 4단체, 정의당 등만이 언론 규제 정책이 공인에 대한 언론의 자유를 제한하게 될 것이라는 일관된 메시지를 내고 있을 뿐이었다.

가짜뉴스, 허위, 조작된 보도라고 판단한 언론사를 징계(과징금 부과 등)하는 것에 찬성한 국민의힘은 2021년 당시 더불어민주당의 언론중재법을 어떻게 판단하고 있을까. 여전히 해당 법안이 언론 탄압을 하는 악법이라며 반대했던 의견을 견지하고 있을까. 같은 맥락에서 윤석열 정부의 가짜뉴스, 허위, 조작 보도에 대한 규제가 언론 자유 탄압이라며 비판하는 더불어민주당은 징벌적 손해배상 제도를 도입해서라도 언론의 가짜뉴스 문제를 해결해야 한다고 주장했던 자신들의 과거 행동에 대해 어떻게 생각하고 있을까. 언론 자유의 수호자 역할을 하고 있는 더불어민주당이 집권하더라도 여전히 언론 자유의 수호자일 수 있을까. 궁금하다.

필자는 거대 여당과 야당이 정부의 언론 정책에 대한 비판을, 공수를 바꾸어 반복하고 있다는 양비론은 설득력 있는 주장이지만, 양당의 언론 정책에는 어느 정도의 차이가 있다고 생각한다. 야당이었던 국민의힘이 문재인 정부의 언론 정책에 대해 구체적인 대안 제시 없이 비판했다면, 현재의 야당인 더불어민주당은 여당의 언론 정책을 비판하는 것에서만 머무르지 않고, 적어도 언론현업 단체, 시민사회단체, 진보정당 등과 함께 공영방송 지배 구조 개선을 위한 언론 3법 개정안을 주도하는 등의 노력을 기울였다. 물론 더불어민주당이 집권하고 있던 시절에 해당 법안을 추진했다면 그 진정성을 더욱 높게 평가받을 수 있었을 것이다. 결국 언론 3법은 윤석열 대통령의 거부권 행사로 좌절됐다. 만약 더불어민주당이 집권한다면 해당 법안이 재입법되고, 통과될 수 있을 것인가. 궁금하다.

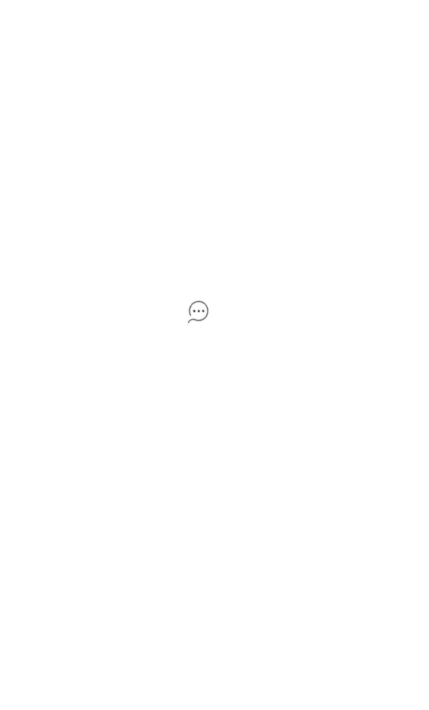

그들의 반쪽짜리
언론 자유를
완전한 언론 자유로
돌려내기 위한 과제

언론의 자유는 소수 권력자의 권력 통제를 위한 자유를 의미하지 않는다. 그러나 우리 정치권, 특히 정권을 획득한 정치 세력(정부, 집권여당)은 언론 자유를 그들만의 자유로 인식하는 경향이 있다. 예컨대 정권을 획득한 정치 세력은 언론/미디어 정책 기관(방송통신위원회, 방송통신심의위원회 등), 공영방송 사장과 이사에 여당 친화적 인물을 투입한다. 이 과정에서 전임 정권에서 임명된 인사들은 임기를 채우지 못하고 해임되거나 자진해서 사퇴하는 일이 반복된다. 구체적으로 〈표 2〉는 2023년, 윤석열 정부에서 있었던 방송통신위원장의 면직(전임 정권 임명 인사)과 정권 친화적 인물의 방송통신위원장 임명, 여권 중심의 방송통신위원회 구성 과정에서 나타난 대통령과 여권 위원의 독선적 판단 과정, 방송통신위원회의 전임 정부 추천 KBS 이사의 해임과 여권 추천 KBS 이사의 임명, 그리고 여권 중심의 KBS 이사회 구성과 이사장 선출, 여권 중심 이사회 재편 후 전임 정권 임명 KBS 사장의 해임과 여권 추천 KBS 사장 임명 과정에서 나타난 대통령과 여권 이사의 독선적 판단 과정, 이전 정권에서 임명된 방송통신심의위원회 위원장과 부위원장의 해촉과 대통령이 임명한 방송통신심의위원회 위원장 임명, 그리고 여권 중심의 방송통신심의위원회 구성과 방송통신심의위원회의 뉴스타파 심의, 뉴스타파 인용 보도 언론사에 대한 과징금 부과 과정에서 나타난 여권 위원들의 독선적 판단 과정, 여권이 주도하고 있는 방송통신위원회의 반대 의견과 국무총리의 거부권 건의, 대통령의 거부권 행사로 좌절된 공영방송 지배 구조 개선을 위한 법, 즉 방송 3법 개정안의 과정을 압축적으로 보여준다.

〈표 1〉 2023년 윤석열 정부의 독단적 언론 자유 인식 사례

내용	경과	결과
방송통신위원회 위원장 한상혁 면직	문재인 대통령 추천 위원, 국회 인사 청문 보고서 미채택.	윤석열 대통령 재가 (2023.05.30.)

내용	경과	결과
KBS 이사 윤석년 해임	여권 이사, 방송통신위원회 3명 중 여권 추천 위원 2인의 찬성, 야권 추천 위원 1명 반대로 해임건의안 의결(2023.07.12.)	윤석열 대통령 재가 (2023.07.13.)
KBS 이사 서기석 선임	방송통신위원회 3명 중 여권 추천 위원 2인의 단독 결정으로 임명안 의결(2023.08.09.)	윤석열 대통령 재가 (2023.08.09.)
KBS 이사장 남영진 해임 EBS 이사 정미정 해임	방송통신위원회 3명 중 여권 추천 위원 2인의 단독 결정으로 해임건 의안 의결(2023.08.14.)	윤석열 대통령 재가 (2023.08.14.)
방송통신심의위원회 위원장 정연주, 부위원장 이광복 해촉	문재인 정부 시기 위촉 인사 2명, 문재인 대통령 추천 인사(정연주), 더불어민주당 추천 인사(이광복).	윤석열 대통령 재가 (2023.08.17.)
KBS 보궐이사 황근 임명	방송통신위원회, KBS 남영진 이사 보궐이사로 여권 이사 임명, 여권 이 사 다수 구도 형성(여야 6:5 구조)	윤석열 대통령 재가 (2023.08.21.)
KBS 이사장 서기석 선출	헌법재판관 출신, 여권 이사 6명의 찬성, 야권 이사 5명의 반대로 최종 선출.	KBS 이사장 선출 (2023.08.23.)
방송통신위원회 위원장 이동관 임명	대통령실 대외협력 특보, 국회 인사 청문 보고서 미채택.	윤석열 대통령 임명 재가 (2023.08.25.)
방송통신심의위원회 위원장 류희림 선출	윤석열 대통령 임명 위원, 여권 추천 위원의 단독 결정.	방송통신심의위원장 선출 (2023.09.08.)
KBS 사장 김의철 해임	문재인 정부 위촉 인사, 국회 인사 청문 보고서 미채택 인사, KBS 여권 이사 6인 단독 결정, KBS 이사회 해임안 제청.	윤석열 대통령 해임 재가 (2023.09.12.)

내용	경과	결과
방송문화진흥회 이사 권태선 이사장 등 2명 해임	방송문화진흥회 야권 이사, 여권 방통위 위원 2인의 단독 결정 → 해임처분 효력정지 재판으로 복귀	김기중 이사 해임 (2023.09.18.) 권태선 이사장 해임 (2023.09.21.)
KBS 사장 박민 임명	여권 추천 이사 임명제청안 통과, 국회 인사 청문 보고서 미채택.	윤석열 대통령 임명 재가 (2023.11.12.)
방송통신위원회 위원장 이동관 해임	이동관 탄핵 투표일 당일 사임.	윤석열 대통령 사임 재가 (2023.12.01.)
방송통신위원회 위원장 김홍일 임명	윤석열 정부 국민권익위원장, 국회 인사 청문 보고서 미채택.	윤석열 대통령 임명 재가 (2023.12.29.)
방송 3법 개정안	야당 주도 국회 본회의 통과, 방송통신위원회 반대 의견제시, 한덕수 국무총리 거부권 건의.	윤석열 대통령 거부권 행사 (2023.12.01.)

자연스럽게 언론/미디어 정책은 정권 친화적 정책이 되고, 공영방송은 정권 친화적 방송이 되어 버린다. 우리나라의 공영방송이 줏대 없이 항상 정권 편이 될 수밖에 없는 이유다. 자연스럽게 권력자는 당대의 언론 자유가 비교적 잘 보장되고 있다고 인식하게 되고, 그에 반대하는 야당이 정부와 여당이 언론을 통제한다고 비판하게 된다. 여기에 더해 만약 권력을 가진 세력이 자신을 비판하는 언론이나 예술가, 시민을 대상으로 명예훼손 소송(전략적 봉쇄 소송 등)을 제기하거나 압

수수색, 임시조치 등을 남발한다면 취재 보도의 자유와 여당을 지지하지 않는 시민의 표현 자유 역시 위축될 수밖에 없다. 우리나라의 언론(표현) 자유가 확장되지 못하고 절반의 자유에 머물러 있는 상황은 이러한 상황에 기인한다. 이제는 그들만 누리는 반쪽짜리 언론 자유를 우리 모두가 누리는 완전한 언론 자유로 돌려내야 한다.

대한민국 언론 자유 확장을 위한 전략

그들의 언론 자유(권력자들에 의해 통제될 수밖에 없는 언론 자유, 권력자와 언론사만 누리는 제한적 언론 자유)를 우리의 언론 자유(시민의 알권리 보장을 위한 포괄적 언론 자유)로 되돌려놓기 위해 필자는 가칭 '표현의 자유 위원회' 혹은 '시민 소통 위원회'를 구성하자고 제안한 바 있다(이정기, 2023). 위원회의 위원은 미디어 각 영역(학계(미디어, 법), 실무 단체(언론인, 미디어법 전문 법조인), 미디어 감시/비평 단체 등)에서 최고의 전문성을 가진 사람들로 구성해야 한다. 아울러 정부의 지원을 받아 각종 연구, 조사, 정책 제안, 교육,

감시 활동 등을 수행하되 정부가 어떤 간섭도 할 수 없는 독립적인 성격을 가져야 한다. 필자는 위원회가 컨트롤 타워가 되어 언론 자유 확장을 위한 전략을 총괄해야 우리나라의 언론 자유 수준이 질적, 양적으로 성장할 수 있다고 생각한다. 그러나 위원회 구성이 어렵다면, 이해관계자들이 〈표 3〉에 제시한 다양한 전략 중 실현 가능성을 중심으로 우선순위를 정한 후 문제 해결을 위한 적극적 노력을 기울여야 한다고 생각한다.

필자는 대한민국 언론 자유 확장을 위한 전략을 크게 2개 영역(자율 과제, 법과 제도 과제)으로 구분했다. 그중 자율 과제는 5개 영역으로 구분된다. 첫 번째 과제는 '언론의 자유 실태 조사'다. 매해 한국형 언론(표현) 자유 지수와 언론 위축 효과 지수, 시민 위축효과 지수, 대통령과 지방자치단체장, 국회의원 등 주요 공인의 시민 소통 지수, 언론 소통 지수를 측정하여 공개하는 것이다. 이 경우 공인은 자신의 언론 정책과 소통의 문제를 객관적으로 인식할 수 있게 될 것이고, 문제 해결에 대한 의지를 갖게 될 것이다. 아울러 관련 자료의 누적은 시민이 공인의 언론관과 대 언론, 대 시민 소통관을 이해하는 데 도움을 주어 다음 선거에 투표할 후보를 결정하는 것에도 도움을 줄 것이다. 한편, 언론과 시민의 위축효과 정도가 높게 나타난다면 이 문제를 해결하기 위한 정책 또는 지원 방안을 구상하는 것에도 도움을 줄 수 있을 것이다. 이미 통계청과 한국언론진흥재단 등이 다양한 조사를 수행하는 상황이기에 어렵지 않게 관련 자료를 수집하여 결과를 제시해 낼 수 있을 것으로 판단된다.

두 번째 과제는 '민간 팩트체크 활성화 지원'이다. 비판과 견제의 대상이어야 할 정부가 주도하는 방식의 팩트체크는 정치적으로 비치거나 정치적으로 변질될 가능성이 크다. 팩트체크는 언론을 가르치는 대학, 언론 관련 학회 등이 독립적, 중립적으로 진행하되 기사 작성의 주체인 언론사가 참여하는 형태가 타당하다. 이러한 측면에서 서울대 언론정보연구소가 운영하는 SNU팩트체크센터와 같은 시스템이 더욱 활성화될 수 있는 환경을 구축할 필요가 있다. 민간 지원을 받아 운영되고 있는 팩트체크센터가 더 잘 운영될 수 있도록 관심과 격려를 보내주는 것, 더 많은 언론사가 SNU팩트체크센터와 같은 비영리 팩트체크 플랫폼과 함께할 수 있는 환경을 조성하는 것이 가짜뉴스 문제를 해결하는 적절한 방법이 될 것이다. 정부가 민간 팩트체크센터가 꾸준히 활동할 수 있도록 지원하고, 간섭하지 않는 방식 등도 가짜뉴스 퇴출 의지를 가진 정부의 역할 중 하나라고 판단된다. 한편, 언론사는 팩트체크센터, 한국언론진흥재단, 대학 미디어학과와 협력하여 소속 기자를 대상으로 취재 윤리, 가짜뉴스, 팩트체크에 대한 교육을 꾸준히 진행하고, 자체적으로 팩트체크 시스템을 구축하기 위한 노력을 기울일 필요가 있다. 산학협력 사업의 일환으로 지역 언론사들이 지역 대학 미디어학과와 함께 자체 팩트체크 시스템을 구축해 보는 것도 가짜뉴스의 문제를 해결하기 위한 좋은 시도가 될 것이다.

세 번째 과제는 '미디어 리터러시 교재 개발'이다. 초 · 중 · 고등학생과 대학생, 그리고 일반인들이 언론(표현) 자유의 중요성과 언론과 시민의 위축, 혐오표현의 문제를 명확히 인식하고, 가짜뉴스를 분별하는 방법을 이해할 수 있도록 학교급, 생애주기(청소년기, 청년기, 중년기, 노년기)별 미디어 리터러시 교육 교재를 개발하여 학교와 주민센터, 평생교육 기관 등에 배포하고 교육을 진행할 필요가 있다. 표준화된 교육 교재를 구성하기 위해 교육청, 한국언론진흥재단, 국가평생교육진흥원, 시청자미디어센터, 언론 관련 학회가 힘을 모아 교육교안을 만들고 생애 단계별로 꾸준히 교육을 진행한다면 시민들의 비판적 사고 능력, 미디어 리터러시 역량이 향상될 수있을 것이다. 그리고 시민들의 미디어 리터러시 역량 향상은 언론 보도의 질적 수준 향상, 언론의 비판 기능 향상을 견인해 낼 수 있을 것이다.

네 번째 과제는 '공인의 대언론 명예훼손 소송 자제 캠페인' 진행이다. 선거 기간 동안 정당과 정치인들에게 언론 자유의 중요성과 명예훼손적 표현의 수인 범위가 큰 공인의 특성, UN의 사실 적시 명예훼손 폐지와 명예훼손 비범죄화 권고 등을 인식시키고, 정당이나 정치인을 대상으로 언론보도에 의한 명예훼손 소송, 전략적 봉쇄 소송에 대한 자제를 촉구하는 캠페인을 진행한다면 언론 자유가 확장될 수 있을 것이다. 아울러 공인의 경우 언론 반론권을 적극적으로 활용하여 토론의 영역에서 명예훼손 문제를 해결하는 방식의 중요성을 인지시키고, 언론 중재제도를 거치지 않은 언론사 대상 소송을 억제하는 캠페인을 진행한다면 공인 대상 취재, 보도의 자유가 확장될 수 있을 것이다. 시민의 알권리를 보장하기 위해 공인의 대언론 명예훼손 소송이 자제될 필요가 있다는 논거는 선거 기간에 효과를 발휘할 수 있을 것이다.

다섯 번째 과제는 '정당의 '감시와 견제' 관련 공약/의견 감시 활동'이다. 언론 자유, 언론 정책에 대한 정당과 정치인의 일관적 인식을 촉구하는 시민 감시 활동은 선거에서 당선되기 전과 당선된 이후의 상이한 언론 자유 인식과 언론 정책 인식에 대한 문제를 예방하고, 정치인과 유권자의 신뢰 회복에 기여할 수 있을 것이다. 예컨대 시민사회단체를 중심으로 정당과 정치인이 선거 시기 주요 정당과 후보의 언론 관련 공약이나 언론 관련 주요 현안에 대한 의견을 정리하고, 다음 선거를 앞둔 시기에 해당 공약 이해 여부와 언론 현안에 대한 의견 일관성 여부를 감시하는 활동(당, 낙선 운동의 근거로 활용)을 진행한다면 정권 창출 여부에 따라 언론 자유에 대한 의견이 달라지는 모순은 어느 정도 극복될 수 있을 것이다.

이상 자율 영역에서 수행할 수 있는 몇 가지 과제를 소개했다. 이제는 법과 제도적 영역에서 수행해야 할 몇 가지 과제를 소개해 보고자 한다. 첫 번째 과제는 '대통령, 정치인의 언론 관련 공약(감시와 견제 관련 공약) 명문화'다. 대통령, 국회의원, 지방자치단체장 선거 시기 후보자의 언론과 소통 관련 공약(감시와 견제 공약) 또는 의견을 명문화하고, 다음 선거에서 공약집 등에 관련 공약 이행 여부와 불이행 여부, 그리고 새로운 공약과의 연계성 제시를 의무화한다면, 유권자들은 후보 선택에 도움을 얻을 수 있을 것이다. 선거에 후보로 나선 공인 역시 지키지 못할 혹은 당선 후 바뀔 공약을 하기 어려워질 것이다.

두 번째 과제는 '언론중재, 언론 관련 소송 시 참고 기준 정립'이다. 이를 위해 공인의 개념, 공인과 언론의 관계 정립과 같은 공인이론의 고도화가 필요하고, 미국 등의 국가에서 적용하고 있는 공인 대상 언론보도에 '현실적 악의 원칙'을 도입하기 위한 법과 정책 연구가 필요하다. 공인의 범주를 분명하게 정립하는 것은 연예인, 스포츠 스타, 일반인(사인) 등에 대한 무분별하고 선정적인 보도를 억제하는 동시에 대통령, 국회의원, 지방자치단체장 등 공인성이 높은 정치적 공인에 대한 취재와 보도의 자유를 넓히는 데 도움이 될 수 있을 것이다. 특히 언론사의 표현으로 피해를 입었다고 주장하는 정치적 공인은 해당 보도가 악의를 가진 보도인지 스스로 입증하게 하는 현실적 악의 원칙은 정치적 공인에 대한 언론 취재와 보도의 자유를 확장하는 데 이바지할 수 있을 것이다. 우리나라처럼 공인의 피해 주장만으로 인터넷상의 공인 비판 글(사실이라고 해도)이 임시조치(삭제)될 수 있는 환경에서 현실적 악의 원칙은 언론(표현)의 자유를 확장하는 데 크게 기여할 수 있을 것이다.

세 번째 과제는 'UN(자유권위원회, 인권위원회) 권고(의견) 준수를 통한 법과 제도의 정비'다. 우리나라는 UN 가입국이며, 자유권 규약과 주요 인권 조약을 비준한 국가이며, UN인권이사국으로 활동하기도 한 국가다. UN 자유권위원회와 인권이사회의 의견과 권고를 존중해야 할 국가다. 그러나 UN은 우리나라에 형법상 명예훼손죄의 폐지, 명예훼손의 비범죄화, 정보통신망법상 임시조치의 개정, 공익제보자에 대한 보호시스템 정비, 국가보안법 개정(제7조의 폐지), 포괄적 차별금지법 제정을 통한 사회적 약자에 대한 혐오표현, 차별 등의 금지 등을 지속해서 요구하고 있다. UN이 국내에 언론(표현) 자유 확장을 위한 법안의 제, 개정을 지속해서 요구하고 있다는 것은 우리 정부와 정치권이 국내의 특수성을 이유로 UN의 권고(의견)를 꾸준히 거부하고 있음을 의미하는 것이기도 하다. 필자는 UN의 권고와 의견 수렴은 한국 사회의 공적 언론 자유, 인권으로서의 표현 자유를 구조적으로 확장해 낼 수 있는 강력한 조치라고 생각한다. 국가인권위원회 역시 UN 권고(의견)의 연장선에서 관련 조항의 개정과 제정을 요구하는 상황이기도 하다. UN과 국가인권위원회의 비정치적 요구를 거부할 명분이 과연 무엇이란 말인가. UN의 일원인 우리 정부와 주요 정당은 UN이 우리나라에 왜 관련 권고(의견)를 지속하여 제시하고 있는지 맥락을 정확히 파악할 필요가 있다. 또한 UN이 제, 개정해야 한다고 권고하는 법률안이 도입된 국가의 언론 환경과 소통 환경, 민주주의 수준을 자세히 조사하고, 해당 법률안이 도입될 경우의 미디어 환경, 수용자 환경의 변화를 과학적으로 예측한 후 도입 우선순위를 정해 단계적으로 관련 법률안을 도입해야 한다. 그것이 세계 사회의 일원, 인권을 존중하는 국가의 의무를 다하는 길일 것이다.

네 번째 과제는 '공영방송의 정치적 독립성 보장'이다. 공영방송 지배 구조 개정 법률 개정(방송 3법 개정)은 필요하다. 적어도 대통령의 측근, 미디어 분야의 전문성이 부족한 사람이 미디어/언론 정책을 총괄하는 부서(방송통신위원회, 방송통신심의위원회 등)의 수장이 되는 상황, 정권 창출에 공이 있는 사람, 권력을 가진 자의 측근이 공영방송의 사장, 공영방송 이사(장)로 임명되는 상황, 이전 정권에서 임명된 공영방송 사장, 이사(장)의 임기가 보장되지 못하고 해임되는 상황, 야당 추천 인사가 기관, 이사회의 다수를 점하여 토론과 숙의의 과정 없이 야당 추천 인사만의 의사결정만으로 미디어/언론 정책이 결정되고, 소수 의견은 무시되는 후진적 구조는 사라져야 한다. 이밖에 공영방송의 정치적 독립성, 중립성, 공영성 강화를 위해 1981년 이후 2,500원으로 동결되어 있는 수신료를 현실화시키는 등의 노력도 필요하다. 수신료 분리 징수와 공영방송의 민영화가 관련 공적 언론의 자유를 확장하는 방향인지에 대한 보다 면밀한 검토도 필요해 보인다.

〈표 2〉 대한민국 언론 자유 확장을 위한 전략

전략	영역	세부 내용
자율 과제	1. 언론의 자유 실태 조사	– 매해 한국형 언론(표현) 자유 지수와 언론, 시민의 위축효과 지수, 공인의 대 시민, 대언론 소통 지수 측정 → 기사, 공익광고를 활용한 시민 인지도 제고
	2. 민간 팩트체크 활성화 지원	– 민간 영역의 팩트체크 지원 확대(정부 주도 팩트체크 지양) – 언론사 자체 팩트체크 시스템 구축 지원 – 지역 언론사–지역 대학 미디어학과 주도의 팩트체크 시스템 구축
	3. 미디어 리터러시 교재 개발	– 언론(표현) 자유의 중요성, 언론과 시민의 위축효과, 혐오표현의 위험성, 가짜뉴스 분별 방법을 다룬 미디어 교재 개발(초 · 중 · 고, 대학/성인용) 및 배포 → 미디어 리터러시 역량 제고
	4. 공인의 대언론 명예훼손 소송 자제 캠페인	– 공인의 언론사 대상 명예훼손 소송 자제(법제화 이전) 촉구 – 언론 반론권 활용 또는 언론중재제도를 거치지 않은 공인의 언론사 대상 명예훼손 소송 억제 캠페인(시민사회단체/언론현업단체)
	5. 정당의 '감시와 견제' 관련 공약/의견 감시 활동	– 선거 시기 주요 정당과 후보의 언론 관련 공약(정당과 정치인에 대한 감시와 견제 관련 공약) 또는 의견 명문화 → 이후 선거에서 해당 공약 이행 여부 또는 의견의 일관성 여부 감시 활동 → 당선 및 낙선 운동

전략	영역	세부 내용
법, 제도 과제	1. 대통령, 정치인의 언론 관련 공약(감시와 견제 공약) 명문 화(정당/정치인)	– 대통령 선거, 국회의원, 지방자치단체장 등 선거 시기 후보의 언론 관련 공약(감시와 견제 공약) 또는 의견 명문화, 예) 공영방송 지배 구조 관련 의견, 언론의 독립성, 공영방송과 언론 관련 기관 인사에 대한 의견, 언론/표현의 자유 현안 관련 의견, 권언유착 방지 대책 등 → 다음 선거에서 언론 관련 공약(감시와 견제 공약) 이행 여부, 불이행 이유 제시 의무화
	2. 언론중재, 언론 관련 소송 시 참고 기준 정립(법, 정책 연구, 판례 적용)	– 공인이론 고도화(공인의 개념, 의무, 공인과 언론 관계) – 공인대상 현실적 악의 원칙 도입
	3. UN(자유권위원회, 인권이사회) 권고(의견) 준수를 통한 법과 제도의 정비	– 형법 제307조의1 사실적시 명예훼손죄 폐지/명예훼손 비범죄화(징역형 부과 폐지)/정보통신망법 제44조의2(임시조치) 개정 – 공익제보자에 대한 보호 시스템 정비 – 국가보안법 개정(제7조 폐지) – 포괄적 차별금지법 제정(사회적 약자에 대한 혐오표현 방지)
	4. 공영방송의 정치적 독립성 보장(법, 제도 정비)	– 공영방송 지배 구조 개정 법률 개정 (방송 3법 개정) – 공영방송 이사, 사장 추인 시스템 정비 – 방통위와 방통심의위의 권력형 심의/의결구조 정비 – 공영방송 수신료 현실화

* 이정기(2023), 118쪽 내용을 보완 기술함

언론의 선정적, 자극적 보도는
언론 자유 확장을 제한하는 논거

언론의 자유는 권력자의 언론 통제의 자유가 아니라 권력 비판의 자유다. 언론의 자유가 확장되어야 하는 이유는 시민을 대표해 국정과 시정을 책임지고 있는 대통령과 고위 각료, 도지사, 시·군·구청장들, 시민을 대표해 입법 활동을 하는 국회의원 등 공인들의 활동을 견제하고 비판하기 위해서다. 최소한의 공적 사명감 없이 선정적인 보도, 자극적인 보도로 그저 돈만 벌고자 하는 언론사, 사실에 입각하지 않은 보도, '아니면 말고' 식 의혹 보도, 취재하지 않은 보도로 시민에게 혼란을 주는 언론사는 언론 자유의 확장을 위한 논리를 극도로 약화시킬 뿐이다. 2021년 사회적 논란의 중심이었던 더불어민주당의 '언론중재법' 개정안(징벌적 손해배상제를 핵심으로 하는)은 언론사의 선정적, 자극적 보도, '아니면 말고' 식 의혹 보도가 확장되던 과정에서 발의됐고, 당시 시민 다수의 호응을 받았다.

필자는 언론중재법 개정안의 취지는 십분 이해하지만, 해당 개정안이 언론의 자유의 돌이킬 수 없는 위축을 이끌어 낼 수 있을 것이라고 판단하여 반대했다. 어떤 정당 소속인가에 따라 공익성이란 단어의 개념이 서로 다르게, 정치적으로 이해되는 것처럼 가짜뉴스, 혐오표현이 무엇인지에 대한 개념화도 충분하게 진행되지 않은 상황이고, 사실 적시 명예훼손죄와 공인에 의해 제기되는 전략적 봉쇄소송이 존재하는 현실에서 '징벌적 손해배상제'는 언론 자유만 위축시킬 뿐 정치적으로 악용될 가능성이 크다고 생각했기 때문이다. 같은 맥락에서 윤석열 대통령이 진행하고 있는 가짜뉴스와의 전쟁 역시 더불어민주당과 시민사회 단체, 언론현업 단체 등으로부터 언론의 자유를 위축시킨다는 강력한 비판을 받고 있다. 필자는 윤석열 정부 주도의 가짜뉴스와의 전쟁 역시 언론 자유만 위축시킬 뿐 정치적으로 악용될 가능성이 크다고 생각한다. 그리고 권력을 가진 정치집단이 가짜뉴스 규제를 주도할 때 그 집단에 대한 비판, 취재 보도의 자유는 위축될 수밖에 없다고 생각한다. 다만, 윤석열 정부에서 진행되고 있는 '가짜뉴스와의 전쟁'의 빌미 역시 언론사가 제공하고 있다고 생각한다.

저널리즘 윤리가 실종된 언론사의 '아니면 말고' 식 의혹 보도, 선정적이고, 자극적인 흥미 위주의 보도는 이 글을 쓰고 있는 시점에도 지속되고 있다. 예컨대 2023년 12월 27일에 사망한 배우 이선균 씨에 대한 보도는 선정적이고, 자극적인 보도의 전형이었다. 구체적으로 2023년 10월 19일, 이선균 씨가 마약 투약 혐의로 조사를 받고 있다는 내용의 보도가 나온 후 이선균 씨 관련 의혹성 기사, 사생활 관련 기사가 쏟아지기 시작했다. 상당수가 자극적인 사생활 보도였다. 심지어 모 공영방송은 이선균 씨의 혐의와 무관한 유흥업소 실장 간의 통화 내용(녹취록)을 공개하여 비판받기도 했다. 결국 이선균 씨는 재판을 받기도 전에 스스로 목숨을 끊었다. 검경의 무리한 수사와 수사 내용을 비판 없이, 경쟁적으로 보도하기에 바빴던 언론사가 이선균 씨의 죽음에서 자유롭지 못하다는 비판의 목소리가 곳곳에서 들리기 시작했다. 이 밖에 공인성이 비교적 낮은 자발적-비정치적 공인(연예인, 스포츠 스타)이나 공인이나 공인 가족의 사생활(공인의 가족임을 내세워 이권을 취득하려고 하거나 정치에 개입하려 하는 경우가 아닌)에 대한 선정적이고 자극적인 언론보도가 끊임없이 이어지고 있다. 반면, 언론이 마땅히 해야 할 정치권력의 공적 활동에 대한 비판은 충실하게 하지 않다는 비판도 이어지고 있다. 이와 같은 현상의 반복은 시민들의 언론 혐오를 부추겨 결국 징벌적 손해배상 제도, 가짜뉴스 규제와 같은 언론사 처벌과 규제의 필요성에 대한 공감대를 넓히는 원인이 될 수밖에 없다. 그리고 언론 규제에 대한 공감대 형성은 결국 언론사가 마땅히 누려야 할 권력 비판의 자유를 구조적으로 제한하게 되는 문제를 일으키게 될 것이다. 아울러 이 경우 정론 보도, 성역 없는 취재와 보도를 위해 노력하고 있는 언론사의 자유로운 취재 활동을 상당 부분 위축시키게 되는 문제를 초래할 수 있다.

결국 언론사의 권력 비판의 자유를 확장하기 위해서는 언론사 스스로 변화된 모습을 보여야 한다. 자극적이고, 선정적인 보도, '아니면 말고' 식의 의혹 보도, 사실 검증에 소홀한 보도, 취재하지 않는 보도를 지양하고, 정론을 추구하기 위해 노력해야 한다. 언론사들이 언론의 자유를 '언론사의 자유', '권력자에 의한 언론 통제의 자유'가 아니라 '시민 알권리를 위한 표현의 자유', '권력 비판의 자유'라는 인식을 분명히 할 때, 대한민국 언론 자유는 한 단계 확장될 수 있을 것이다.

───── 서문 ─────

고성욱. 2023.10.30. 〈뉴욕타임즈 기자 "윤 정부 언론 탄압 비판, 문 정부 때와 왜 다른가"〉. 《미디어스》. http://www.mediaus.co.kr/news/articleView.html?idxno=306780

김달아. 2023.08.15. 〈기자 85% "윤 대통령, 대언론 소통 잘못하고 있다"〉. 《기자협회보》. http://www.journalist.or.kr/news/article.html?no=54118

오픈넷. 2023.11.07. 〈유엔 자유권위원회, 한국 정부에 형사 명예훼손죄의 폐지 및 반대 언론 탄압 수단으로 사용하지 말 것 권고〉. 《오픈넷》. https://www.opennet.or.kr/24142

이정기. 2016. 《대한민국 표현 자유의 현실》. 커뮤니케이션북스.

이정기. 2020. 《위축효과》. 커뮤니케이션북스.

이정기. 2021. 《대한민국 표현 자유의 현실 2》. 커뮤니케이션북스.

이정기. 2023. 《대한민국 표현 자유의 현실 3》. 커뮤니케이션북스.

전국언론노동조합. 2023.10.03. 〈[사후보도자료] "윤석열 정권 언론장악 폭주, 국제 언론노동자들의 연대로 저지하자"〉 https://media.

nodong.org/news/articleView.html?idxno=30261

한국언론진흥재단. 2023.11.30.《제16회 언론인 의식조사 〈2023 한국의 언론인〉》. 한국언론진흥재단.

한국언론진흥재단. 2021.12.31.《제15회 언론인 의식조사 〈2021 한국의 언론인〉》. 한국언론진흥재단.

Gallo, W. & Lee, J. 2023.12.07. "Under Yoon, South Korea Defamation Cases Against Media Rise". VOA. https://www.voanews.com/a/under-yoon-south-korea-defamation-cases-against-media-rise-/7388864.html

—— 01 ——

강푸른. 2023.11.13. 〈박민 KBS 사장 취임… "정체성 재확립해 국민 신뢰 회복할 것〉.《KBS》. https://news.kbs.co.kr/news/pc/view/view.do?ncd=7816173

고성욱. 2023.11.21. 〈국민 52.8% "KBS 사태, 정권 차원의 방송장악〉.《미디어스》. http://www.mediaus.co.kr/news/articleView.html?idxno=307043

김광일. 2023.11.20. 〈'폐지 결정' KBS 더라이브, 한국인 선호 TV 프로 4위〉.《노컷뉴스》. https://www.nocutnews.co.kr/news/6049297

김기범. 2023.09.12. 〈KBS 이사회, 김의철 사장 해임안 의결… 윤 대통령 바로 재가〉. 《경향신문》. https://www.khan.co.kr/national/media/article/202309121138001

남유정. 2023.11.14. 〈KBS 박민 사장 대규모 인사·대국민 사과문… 노조 "제작 자율성 침해" 반발〉. 《부산일보》. https://www.busan.com/view/busan/view.php?code=2023111417451379735

노지민. 2023.09.14. 〈김의철 전 KBS 사장 "해임 사유 일방적" 해임 집행정지 가처분 신청〉. 《미디어오늘》. https://www.mediatoday.co.kr/news/articleView.html?idxno=312514

노지민. 2023.11.03. 〈최경영 이어 떠나는 홍사훈 KBS 기자 "지금 언론에 필요한 건 용기"〉. 《미디어오늘》. https://www.mediatoday.co.kr/news/articleView.html?idxno=313542

노지민. 2023.12.12. 〈KBS 퇴사 이재석 기자 "지금 KBS에선 절차적 합리성 발견 힘들어"〉. 《미디어오늘》. https://www.mediatoday.co.kr/news/articleView.html?idxno=314451

박민. 2023.12.23. 〈[박민의 시론]윤석열 정부가 성공하는 길〉. 《문화일보》. https://munhwa.com/news/view.html?no=2022122301033411000002

박민. 2023.07.21. 〈[박민의 시론]'창조적 파괴자' 윤석열의 숙명〉. 《문화일보》. https://www.munhwa.com/news/view.html?no=2023072101033411000002

박서연. 2023.11.15. 〈'더 라이브' 제작진 "구멍가게도 하루라도 문 닫으면 양해 구한다"〉.《미디어오늘》. https://www.mediatoday.co.kr/news/articleView.html?idxno=313828

박지은. 2023.09.20. 〈KBS 사장 선임절차 시작… 21~25일 후보자 공모〉.《기자협회보》. https://www.journalist.or.kr/news/article.html?no=54368

송창한. 2023.09.27. 〈언론노조 KBS 본부 "최종 사장후보 3인, '공영방송 파탄' 공약"〉.《미디어스》. https://www.mediaus.co.kr/news/articleView.html?idxno=306505

엄재희. 2023.11.16. 〈KBS 라디오 PD 76명 비상총회 "센터장 사퇴하라"〉.《PD저널》. https://www.pdjournal.com/news/articleView.html?idxno=75519

유정인. 2023.11.12. 〈尹, 박민 KBS 사장 임명안 재가…野 "KBS 어디까지 망가뜨릴 건가〉.《경향신문》. https://m.khan.co.kr/politics/president/article/202311121701031#c2b

이다현. 2023.07.20. 〈박민 KBS 사장 후보자 인사청문회…여야 '적격성' 공방〉.《연합뉴스TV》. https://m.yonhapnewstv.co.kr/news/MYH20231107020300641

이종규. 2023.09.11. 〈[이종규의 저널리즘책무실] '정치적 후견주의' 못 끊어낸 후과〉.《한겨레》. https://www.hani.co.kr/arti/opinion/

column/1108091.html

임병도. 2023.11.06. 〈KBS가 그렇게 절망적? 시사 프로 떠나는 기자들〉. 《오마이뉴스》. https://www.ohmynews.com/NWS_Web/View/at_pg.aspx?CNTN_CD=A0002975503&CMPT_CD=P0010&utm_source=naver&utm_medium=newsearch&utm_campaign=naver_news

전국언론노조 KBS 본부. 2023.09.12. 〈[언론노조성명] KBS 사장 해임 사유는 바로 윤석열 대통령이다〉. http://www.kbsunion.net/news/articleView.html?idxno=11308

중앙일보. 2023.08.29. 〈공영방송, 정파나 노조 편 아닌 국민 품으로 돌려주길〉. 《중앙일보》. https://www.joongang.co.kr/article/25188099

KBS. 2023.09.12. 〈KBS 야권 추천 이사들 "김의철 사장 해임안 의결에 강력 항의"〉. 《KBS》. https://news.kbs.co.kr/news/pc/view/view.do?ncd=7771534

─── 02 ───

강아영. 2023.11.10. 〈"방송 3법 통과 환영, 윤 대통령 거부권 행사 말아야"〉. 《기자협회보》. https://www.journalist.or.kr/news/article.html?no=54645

고범준. 2023.11.09. 〈방송 3법, 야 단독 처리로 국회 본회의 통과〉.《뉴시스》. https://www.newsis.com/view/?id=NISX20231109_0002515791&cID=10301&pID=10300

김희원. 2023.12.01. 〈한 총리 "노란봉투법, 노조 특혜…방송 3법 공영방송 독립성 역행"〉.《세계일보》. https://www.segye.com/newsView/20231201503354?OutUrl=naver

방송통신위원회. 2023.11.09. 〈방송법 등 일부개정법률안 국회 본회의 의결에 대한 방송통신위원회 입장〉. https://kcc.go.kr/user.do?boardId=1113&page=A05030000&dc=K00000200&boardSeq=58116&mode=view

오주연. 2023.12.08. 〈尹 거부권 '노란봉투법·방송 3법' 모두 부결…자동 폐기〉.《아시아경제》. https://view.asiae.co.kr/article/2023120816032206506

전국언론노동조합. 2023.11.09. 〈[성명] 공영방송 장악방지법 국회 의결, 윤석열 대통령은 수용하라〉. https://media.nodong.org/news/articleView.html?idxno=30297

정철운. 2023.11.09. 〈36년 만에… '공영방송 정치독립법'이 탄생했다〉.《미디어오늘》. https://www.mediatoday.co.kr/news/articleView.html?idxno=313682

정철운. 2023.11.14. 〈방송 3법 시행되면 공영방송은 정말 민주당 사내 방송 될까〉.《미디어오늘》. https://www.mediatoday.co.kr/news/

articleView.html?idxno=313767

홍주영. 2023.11.09. 〈더불어민주당 과방위 "방송장악 저지와 공영방송 독립을 위해 더 힘차게 나아가겠습니다"〉.《e-빠른뉴스》. https://www.e-fastnews.com/news/articleView.html?idxno=15013

——— 03 ———

강선우. 2023.08.01. 〈이동관 후보의 뒤틀린 언론관, 소름이 끼칩니다〉. https://blog.naver.com/gangseo-kap/223172050320

고한솔. 2023.11.30. 〈이동관 탄핵안 본회의로…2인 체제로 안건 14개 '위법 의결'〉.《한겨레》. https://www.hani.co.kr/arti/politics/assembly/1118626.html

고한솔. 2023.11.07. 〈'7개월째 임명거부' 최민희 방통위원 후보자 사퇴〉.《한겨레》. https://www.hani.co.kr/arti/politics/assembly/1115354.html

금준경. 2023.12.06. 〈검사 출신 방통위원장? 언론·시민단체 비판 이어 여당에서도 '우려'〉.《미디어오늘》. https://www.mediatoday.co.kr/news/articleView.html?idxno=314342

김달아. 2023.06.20. 〈기자 80% "이동관 방통위원장 임명 반대"〉.《기자협회보》. https://www.journalist.or.kr/news/article.html?no=53769

김대철. 2023.06.29. 〈새 국민권익위원장 김홍일, 강력 · 특수부 검사 출신으로 대검 중수부장 역임〉.《비즈니스 포스트》. https://www.businesspost.co.kr/BP?command=article_view&num=319610

김윤나영. 2023.12.07. 〈김홍일 방통위원장 내정자 재산 61억…검찰 퇴직 후 5배로 불려〉.《경향신문》. https://www.khan.co.kr/politics/politics-general/article/202312071701001

김철관. 2023.11.30. 〈이동관 탄핵, 언론자유와 민주주의 길〉.《대자보》. http://www.jabo.co.kr/39481

민소운. 2023.06.30. 〈참여연대 "尹, 김홍일 권익위원장 임명은 검사 편향 · 보은인사"〉.《노컷뉴스》. https://www.nocutnews.co.kr/news/5969083

박세열. 2023.12.12. 〈언론장악 역풍? 방통위 김홍일 임명 '비공감' 60.1%, '공감' 29%〉.《프레시안》. https://www.pressian.com/pages/articles/2023121122013058349?utm_source=naver&utm_medium=search

박주용. 2023.06.23. 〈(정기여론조사)④국민 60% "이동관 방통위원장 지명 반대"〉.《뉴스토마토》. http://www.newstomato.com/one/view.aspx?seq=1191760

박준우. 2023.06.05. 〈'신임 방통위원장' 이동관 내정설에… "MB식 언론 탄압 재연"〉.《JTBC》. URL: https://news.jtbc.co.kr/article/article.aspx?news_id=NB12129393

송창한. 2023.04.05. 〈수그러들지 않는 이동관 방통위장 내정설〉. 《미디어스》. http://www.mediaus.co.kr/news/articleView. html?idxno=304449

신상호. 2023.05.23. 〈'한상혁 면직' 추진에, 언론현업단체 "윤 정권의 노골적 언론장악"〉.《오마이뉴스》. https://www.ohmynews.com/ NWS_Web/View/at_pg.aspx?CNTN_CD=A0002929987

안성재. 2023.07.28. 〈윤석열 대통령, 이동관 신임 방송통신위언장 지명〉.《문화일보》. https://www.mhns.co.kr/news/articleView. html?idxno=558397

장경태. 2023.12.28. 〈['5대 부적격 사유' 확인된 김홍일 방통위원장 후보자]〉. https://blog.naver.com/jktkt/223305379950

전국언론노동조합. 2023.11.09. 〈[기자회견문] 더 이상 미룰 수 없다. 국회는 방송법 처리하고 이동관 탄핵하라!〉. https://media.nodong. org/news/articleView.html?idxno=30295

전국민주언론시민연합네트워크. 2023.11.15. 〈[성명] 언론장악, 언론 탄압으로 민주주의 퇴행 불러온 이동관 탄핵하라!〉. http://www. ccdm.or.kr/xe/comment/323381

전주영 외. 2023.12.07. 〈방통위원장 김홍일… 첫 검찰 출신 후보자〉. 《동아일보》. https://www.donga.com/news/Politics/article/ all/20231207/122516903/1

조선일보. 2023.12.07. 〈[사설] 방통위원장까지 검사 출신, 꼭 이렇게 해야

하나〉.《조선일보》. https://www.chosun.com/opinion/editorial/
2023/12/07/TIU3T4ECJFEIRNFYT4Q66D6WVI/?utm_
source=naver&utm_medium=referral&utm_campaign=naver-
news

진서형. 2023.11.10. 〈임명 76일 만에 탄핵 논란 휩싸인 이동관⋯ '식물
방통위' 되나〉.《이데일리》. https://www.edaily.co.kr/news/read?
newsId=03145526635804408&mediaCodeNo=257&OutLnkC
hk=Y

최수연. 2023.12.06. 〈새 방통위원장에 김홍일 지명⋯ "방통위 독립성 ·
공정성 지켜낼 적임자"〉.《JTBC》. https://news.jtbc.co.kr/article/
article.aspx?news_id=NB12155051

한겨레. 2023.08.01. 〈[사설] 비판 언론에 '이념 딱지' 이동관, 방통위원
장 자격 없다〉.《한겨레》. https://www.hani.co.kr/arti/opinion/
editorial/1102618.html

—— 04 ——

곽재훈. 2023.12.06. 〈야당 · 시민단체, 뉴스타파 압수수색에 "무도한 과
잉수사", "독재 회귀"〉.《프레시안》. https://www.pressian.com/
pages/articles/2023120615062564746?utm_source=naver&
utm_medium=search

김민찬. 2023.08.17. 〈윤 대통령, 방심위 정연주·이광복 해촉‥국민의힘 추천, 해촉 안 돼〉.《MBC》. https://imnews.imbc.com/news/2023/politics/article/6515451_36119.html

김효성. 2023.09.11. 〈뉴스타파 사건에 "1급 살인" "극형" 초강경 발언 내는 與〉.《중앙일보》. https://www.joongang.co.kr/article/2519 1531

뉴스타파. 2023.09.05. 〈깊이 사과드립니다. 윤석열 정부와 검찰의 탄압에는 당당히 맞서겠습니다〉.《뉴스타파》. https://kcij.org/notice/u/XR2XJ

박서연. 2023.10.08. 〈뉴스타파 인용 방송사들 중징계 방통심의위에 "정권 하청 언론 검열기관"〉.《미디어오늘》. https://www.mediatoday.co.kr/news/articleView.html?idxno=312929

박서연. 2023.12.10. 〈"한국검찰 전례 없는 움직임, 뉴스타파 대표 자택 급습" 국제탐사보도언론인협회 보도〉.《미디어오늘》. https://www.mediatoday.co.kr/news/articleView.html?idxno=314389

박진성. 2023.09.07. 〈서울시, '뉴스타파' 신문법 위반 여부 검토〉.《조선일보》. https://www.chosun.com/national/national_general/2023/09/07/FZF4XEXDBRC6FLOI4BMAPF6TUU/

방송통신심의위원회. 2023.11.13. 〈뉴스타파 허위녹취록 인용 방송사 등에 대한 과징금 부과 결정 이후 류희림 위원장 입장문〉. https://www.kocsc.or.kr/main/cop/bbs/selectBoardArticle.do

신주영. 2024.01.23. 〈민주당 "방심위 여야 6대1…정권 청부 심의위 전략"〉. 《경향신문》. https://www.khan.co.kr/politics/politics-general/article/202401231258001

엄재희. 2023.11.15. 〈PD연합회 "방심위 '과징금 부과'는 정치심의… 철회해야"〉. 《PD저널》. https://www.pdjournal.com/news/articleView.html?idxno=75517

윤석민. 2023.10.13. 〈[朝鮮칼럼] 뉴스타파 대표님께〉. 《조선일보》. https://www.chosun.com/opinion/chosun_column/2023/09/15/AJOK2WOXBNHKLG7CULBMXDFRZY/

윤유경. 2023.11.13. 〈방심위 찾아 기자회견 한 MBC 사장 "우린 공산당 기관지가 아니다"〉. 《미디어오늘》. https://v.daum.net/v/20231113153029746

이정현. 2023.09.08. 〈새 방심위원장에 류희림…방심위, 與추천위원 우위 전환(종합)〉. 《연합뉴스》. https://www.yna.co.kr/view/AKR20230908109452017

이재진. 2013. 《미디어 법》. 서울: 커뮤니케이션북스.

이승선·김재영. 2015. 〈방송통신심의위원회의 방송심의 과정에서 제시된 소수의견의 특성에 관한 연구〉. 《한국방송학보》 29(6). 206-240.

전국언론노동조합. 2023.11.13. 〈[성명] 사상 초유의 정치 심의, 국가 검열 철폐하고 이동관을 탄핵하라〉. https://media.nodong.org/

news/articleView.html?idxno=30303

전국언론노동조합. 2023.09.14. 〈[현업시민단체 공동기자회견문] 정
권의 충견을 자처한 검찰은 언론 탄압을 당장 멈춰라〉. https://
media.nodong.org/news/articleView.html?idxno=30200

정성택·조아라. 2021.07.24. 〈文대통령, 정연주 방심위원 위촉 강행…
野 "방송에 재갈… 언론장악 완결판"〉. 《동아일보》. https://www.
donga.com/news/article/all/20210724/108120334/1

정혜정. 2023.11.16. 〈방통위, '뉴스타파 인용' JTBC 시정명령…KBS
·MBC·YTN 행정지도〉. 《중앙일보》. https://www.joongang.
co.kr/article/25207865

CPJ. 2023.12.08. CPJ urges South Korea to stop intimidation of
Newstapa after raid on editor's home. https://cpj.org/2023/12/
cpj-urges-south-korea-to-stop-intimidation-of-newstapa-
after-raid-on-editors-home/

––––– 05 –––––

권영철. 2023.12.27. 〈방심위의 적반하장, 공익신고자 수사의뢰는 "권
익위법 위반"〉. 《노컷뉴스》. https://www.nocutnews.co.kr/
news/6070263

국민의힘. 2023.12.26a. 〈방심위 '민원정보 유출'은 중대 범죄행위…

MBC와 좌편향매체는 사회적 흉기 역할을 해서는 안 된다〉. https://blog.naver.com/media351

국민의힘. 2023.12.26b. 〈방심위 일반인 민원신청 위축 노리나… 방심위 직원의 '민원인 정보 유출' 사건 고발 방침〉. https://www.peoplepowerparty.kr/news/comment_view/BBSDD0042/99601

김재현. 2023.10.12. 〈공익신고자 보호 결정까지 6개월… "이러면 누가 비리 제보하겠습니까"〉. 《한국일보》. https://www.hankookilbo.com/News/Read/A2022101113250004816?did=NA

뉴스타파. 2023.12.25. 〈청부민원① 방심위원장 류희림, 가족 지인 동원 '청부 민원' 의혹〉. 《뉴스타파》. https://newstapa.org/article/Ol-US

더불어민주당. 2023.12.27. 〈더불어민주당 언론자유대책특별위원회, 감찰과 수사는 류희림 방심위원장이 받아야〉. https://theminjoo.kr/main/sub/news/view.php?brd=188&post=1201445

문은옥. 2023.12.5. 〈'안심하고 제보하라'는 말, 믿을 수 없는 이유〉. 《오마이뉴스》. https://www.ohmynews.com/NWS_Web/View/at_pg.aspx?CNTN_CD=A0002981440&CMPT_CD=P0010&utm_source=naver&utm_medium=newsearch&utm_campaign=naver_news

박강수. 2023.12.26. 〈방심위에 뉴스타파 민원 10건, 위원장 가족·지인이 넣었다〉. 《한겨레》. https://www.hani.co.kr/arti/society/

media/1121821.html

방송통신심의위원회. 2023.12.27. 〈방통심의위, '민원인 개인정보 불법 유출' 중대 범죄 수사의뢰〉. https://www.kocsc.or.kr/cop/bbs/ selectBoardArticle.do

엄재희. 2023.12.27. 〈방심위원 3인 "'청부민원' 의혹 류희림 위원 장 사퇴하라"〉. 《PD저널》. https://www.pdjournal.com/news/ articleView.html?idxno=75616

오픈넷. 2023.02.17. 〈언론보도 등 공익목적 정보처리 면책을 위한 개인 정보보호법 개정 토론회〉. https://www.opennet.or.kr/23523

참여연대 공익제보지원센터. 2023.12.26. 〈방심위는 공익제보자에 대한 공격을 멈춰라〉. https://www.peoplepower21.org/whistleblower/ %EC%A0%9C%EB%B3%B4%EC%9E%90%EC%A7%80%EC %9B%90/1954588?cat=28&paged=0

호루라기. 2023.12.28. 〈[보도자료]개인정보유출을 빌미로 한 공익 제보자 공격을 즉각 중단하라〉. http://www.horuragi.or.kr/_ con/101138/detail/?id=419737&chkN=32944&mykeyword=&l stCd=board_news

호루라기. 2022.10.13. 〈[보도자료] 〈공익신고로 인한 형사책임 실 태와 개선 방향〉 토론회 개최〉. http://www.horuragi.or.kr/_ con/101138/detail/?id=313384&chkN=81901&mykeyword=&l stCd=board_news

고성욱. 2023.11.06. 〈언론현업·시민단체 "국회, 하루빨리 방송장악 위원장 끌어내려야"〉. 《미디어스》. https://www.mediaus.co.kr/ news/articleView.html?idxno=306857

김기정. 2023.09.11. 〈법원 "방문진 권태선 해임 효력정지"…방통위 "즉시 항고" 반발〉. 《중앙일보》. https://www.joongang.co.kr/ article/25191520

김진성. 2023.09.11. 〈법원, 방문진 권태선 해임 집행정지 인용〉. 《한국 경제》. https://www.hankyung.com/article/2023091101311

김효실. 2021.08.11. 〈방통위, 방문진 이사 선임…공영방송 3사 노조 "후 견주의" 비판〉. 《한겨레》. https://www.hani.co.kr/arti/society/ media/1007340.html

박수선·김승혁. 2021.08.11. 〈차기 방문진 이사 9명 선임… "정치 권 불개입 약속 지켜지지 않았다"〉. 《PD저널》. https://www. pdjournal.com/news/articleView.html?idxno=72805

방송통신위원회. 2023.08.21. 〈2023년 제30차 위원회 결과〉. https:// kcc.go.kr/user.do?mode=view&page=A05030000&dc=K050300 00&boardId=1113&cp=9&boardSeq=56921

방송통신위원회. 2023.08.29. 〈2023년 제31차 위원회 결과〉. https:// kcc.go.kr/user.do?mode=view&page=A05030000&dc=K050300

00&boardId=1113&cp=9&boardSeq=57036

방송통신위원회. 2023.09.18. 〈2023년 제33차 위원회 결과〉. https://
kcc.go.kr/user.do?mode=view&page=A05030000&dc=K050300
00&boardId=1113&cp=7&boardSeq=57319

손국희. 2021.10.14. 〈"남욱은 野출신" vs "MBC가 남씨 부인 비
호"…방문진 국감〉. 《중앙일보》. https://www.joongang.co.kr/
article/25014939

송창한. 2023.12.20. 〈법원 "방통위 2인 체제, 방통위법 입법 목적 저
해"〉. 《미디어스》. https://www.mediaus.co.kr/news/articleView.
html?idxno=307364

전국언론노조 MBC 본부. 2023.11.01. 〈김기중 방문진 이사 해임처
분 집행정지 결정에 대한 전국언론노동조합 MBC 본부 입장〉.
https://www.mbcunion.or.kr/statement/%ea%b9%80%ea%b
8%b0%ec%a4%91-%eb%b0%a9%eb%ac%b8%ec%a7%84-
%ec%9d%b4%ec%82%ac-%ed%95%b4%ec%9e%84%ec
%b2%98%eb%b6%84-%ec%a7%91%ed%96%89%ec%a-
0%95%ec%a7%80-%ea%b2%b0%ec%a0%95%ec%97%90-
%eb%8c%80%ed%95%9c/

조문희 · 강연주. 2023.08.08. 〈검찰, 권태선 방문진 이사장 수사 착수
검토… '방송장악' 본격화?〉. 《경향신문》. https://n.news.naver.
com/mnews/article/032/0003241420?sid=100

진선민. 2023.11.01. 〈법원, 김기중 방문진 이사 해임 효력 정지…직무 복귀〉. 《KBS》. https://news.kbs.co.kr/news/pc/view/view.do?ncd=7807238

진선민. 2023.09.18. 〈법원, 권태선 방문진 이사 후임임명 효력정지〉. 《KBS》. https://news.kbs.co.kr/news/pc/view/view.do?ncd=7776465

---- 07 ----

권아현. 2023.08.08. 〈잼버리 덮으려고 열애설 터졌다? 與 가짜뉴스·괴담방지 특위 출범〉. 《주간조선》. https://weekly.chosun.com/news/articleView.html?idxno=28161

김고은. 2020.11.06. 〈국민의힘 "팩트체크 센터 예산, 한 푼도 못 준다"〉. 《기자협회보》. https://www.journalist.or.kr/news/article.html?no=48403

김경호. 2023.04.20.). 〈尹, 4·19혁명 기념식서 "가짜뉴스·거짓선동 자유민주주의 위협. 절대 속아선 안 돼"〉. 《세계일보》. https://www.segye.com/newsView/20230419511362?OutUrl=naver

김근수. 2023.09.14. 〈국힘, '대장동 허위 인터뷰 인용' 김어준·주진우·최경영 고발〉. 《뉴시스》. https://www.newsis.com/view/?id=NISX20230914_0002451003&cID=10301&pID=10300

김만권. 2023.11.14. 〈질문할 수 있는 권리가 위험에 처했다〉.《기자협회
보》. https://www.journalist.or.kr/news/article.html?no=54672

김연정. 2023.01.03. 〈與 박성중 "네이버 60억 뒷돈 댄 팩트체크 사업,
보수진영 공격"〉.《연합뉴스》. https://www.yna.co.kr/view/AKR2
0230103059200001?input=1195m

김연정. 2023.10.13. 〈與 "이재명 캠프 '가짜뉴스 대선공작' 배후 의
혹… 철저 수사해야"〉.《연합뉴스》. https://www.yna.co.kr/view/
AKR20231013127900001

문상진. 2023.09.02. 〈국힘 가짜뉴스 · 괴담방지 특위 "'가짜뉴스 카르
텔' 철저히 수사하라!"〉.《미디어펜》. https://www.mediapen.
com/news/view/851264

문화체육관광부. 2023.04.20. 〈문체부, '악성 정보 전염병' 가짜뉴스 퇴
치 전면 강화… "신고센터 설치 · AI 활용"〉. https://www.korea.
kr/news/policyNewsView.do?newsId=148914068

문화체육관광부. 2023.07.04. 〈문체부, 가짜뉴스 신속대응 자문
단 운영…민관협력 체계 가동〉. https://www.korea.kr/news/
policyNewsView.do?newsId=148917192&call_from=naver_news

박재준 · 금준경. 2023.12.01. 〈"네이버, 국정감사 전에 팩트체크 내려야
한다고…" 정치권 포털 압박 증언 나왔다〉.《미디어오늘》. https://
www.mediatoday.co.kr/news/articleView.html?idxno=314404

박효인. 2023.09.27. 〈가짜뉴스 대응 민관협의체 출범… '패스트트랙'

곧 가동〉. 《KBS》. https://news.kbs.co.kr/news/pc/view/view. do?ncd=7783801

방송통신심의위원회. 2023.09.26. 〈방통심의위, '가짜뉴스 심의전담센터' 본격 가동〉. https://service.kocsc.or.kr/cop/bbs/selectBoardArticle.do

방송통신위원회. 2023.09.18. 〈방통위, 가짜뉴스 근절 위한 패스트트랙 가동〉. https://www.kcc.go.kr/user.do?mode=view&page=A05030000&dc=K05030000&boardId=1113&cp=7&boardSeq=57318

송영훈. 2023.09.26. 〈정부는 '가짜뉴스 퇴출' 외치는데, 네이버는 팩트체크 종료?〉. 《뉴스톱》. https://www.newstof.com/news/articleView.html?idxno=21748

안현우. 2023.12.22. 〈KBS, 보수단체 언론인시상식 자리 깔고 윤 대통령은 축사〉. 《미디어스》. https://www.mediaus.co.kr/news/articleView.html?idxno=307360

언론개혁시민연대. 2023.12.12. 〈[논평] 윤석열 정부는 팩트체크 저널리즘 탄압을 중단하라〉. https://www.mediareform.co.kr/1083

유영규. 2023.06.29. 〈윤 대통령 "반국가 세력들, 종전선언 합창…괴담, 대한민국 위협"〉. 《SBS》. https://news.sbs.co.kr/news/endPage.do?news_id=N1007247464&plink=ORI&cooper=NAVER&plink=COPYPASTE&cooper=SBSNEWSEND

홍선미. 2023.11.07. 〈尹 "가짜뉴스 추방운동, 인권·민주정치 확고히 지켜줄 것"(종합)〉.《아시아투데이》. https://www.asiatoday.co.kr/view.php?key=20231107010004203

—— 08 ——

김도연. 2023.10.27. 〈한국기자협회 "언론자유 나락으로 떨어질 것"〉.《미디어오늘》. https://www.mediatoday.co.kr/news/articleView.html?idxno=313353

김보라미. 2023. 〈MBC에 대한 압수수색을 통한 살펴본 우리 사회가 해야 할 일〉.《방송기자》 73. 29-31.

김양진. 2023.02.20. 〈'나올 때까지 턴다' 검찰의 압수수색 제동 걸리나〉.《한겨레21》 1451호. https://h21.hani.co.kr/arti/society/society_general/53416.html

뉴스버스. 2023.12.26. 〈[뉴스버스 압수수색에 대한 입장] 보복적 언론 탄압이다〉.《뉴스버스》. https://www.newsverse.kr/news/articleView.html?idxno=4623

뉴스타파. 2023.12.06. 〈뉴스타파 김용진 대표 압수수색에 대한 입장〉.《뉴스타파》. https://kcij.org/notice/u/TnFZk

신현기 외. 2012.《경찰학 사전》. 파주: 법문사. https://terms.naver.com/entry.naver?docId=1962119&cid=42149&categoryId=42149

오픈넷. 2023.11.07. 〈유엔 자유권위원회, 한국 정부에 형사 명예훼손 죄의 폐지 및 반대 언론 탄압 수단으로 사용하지 말 것 권고〉. https://www.opennet.or.kr/24142

언론개혁시민연대. 2023.09.14. 〈뉴스타파 · JTBC 압수수색을 규탄한 다〉. https://www.mediareform.co.kr/1061

이배운. 2023.03.07. 〈공수처 '압수수색 사전심문제' 반대 의견… "피해 자 보호 역행"〉. 《이데일리》. https://www.edaily.co.kr/news/read ?newsId=02909366635541024&mediaCodeNo=257&OutLnk Chk=Y

이익준. 2023.06.01. 〈대법원, 압수수색 영장 사전심문제 개정안 핵심 내 용은… 압수수색 영장 판사가 심문〉. 《의회신문》. https://www. icouncil.kr/news/articleView.html?idxno=51730

이재근. 2023.11.06. 〈검찰과 민주주의, 참여연대 좌담회(검사의 나라, 다시 민주주의를 모색하다) 발표문〉. https://www. peoplepower21.org/judiciary/1950845

이정기. 2022. 《대한민국 표현 자유의 현실 2》. 서울: 커뮤니케이션북스.

이정기. 2023. 《대한민국 표현 자유의 현실 3》. 서울: 커뮤니케이션북스.

이현승. 2023.12.05. 〈대법원장 후보자 "압수수색 영장 사전심문, 긍정적 검토"〉. 《조선일보》. https://biz.chosun.com/topics/law_firm/ 2023/12/05/CWQJESMVXNET3DSFOCRHMNOXSY/

임주형 · 김소희. 2023.12.20. 〈[단독] 조희대 "압수수색 영장 사전심문,

법률 개정해 추진"〉.《서울신문》. https://www.seoul.co.kr/news/
newsView.php?id=20231220009009&wlog_tag3=naver

전광준. 2023.09.07. 〈검찰, '대선개입 여론조작' 특별수사팀 꾸려…
"선거제 농단"〉.《한겨레》. https://www.hani.co.kr/arti/society/
society_general/1107592.html

정희완. 2023.12.24. 〈압수수색영장도 구속영장처럼 대면심리?〉.
《경향신문》. https://www.khan.co.kr/national/court-law/
article/202312240900021

진선민. 2023.12.17. 〈민주 "검찰 압수수색 남발…영장 사전 심사 도
입해야"〉.《KBS》. https://news.kbs.co.kr/news/pc/view/view.
do?ncd=7843744&ref=A

진선우. 2023.02.08. 〈"압수수색영장, 법원이 심문한다"… 김명수대법
원, 형사소송규칙 다급하게 바꾸는 이유?〉.《뉴데일리》. https://
www.newdaily.co.kr/site/data/html/2023/02/08/2023020
800134.html

참여연대. 2023.04.14. 〈[토론회] 압수 · 수색 영장 대면 심리제도 논의 정
책토론회〉. https://www.peoplepower21.org/judiciary/1934005

최창영. 2023.11.17. 〈참여연대 이재근, "윤석열 정부, 매주 압수수색…
검찰국가 됐다"〉.《로리더》. http://www.lawleader.co.kr/news/
articleView.html?idxno=11945

허경준. 2023.03.14. 〈법무부, '압수수색영장 사전심문' 반대 의견

제출〉.《아시아경제》. https://view.asiae.co.kr/article/20230314
20395611408

—— 09 ——

김도연. 2023.11.08.〈대구MBC 보도 무혐의에도 대구시 "잘못된 수사"
이의신청〉.《미디어오늘》. https://www.mediatoday.co.kr/news/
articleView.html?idxno=313653

김도연. 2023.11.13.〈홍준표, 대구MBC 기자 고소… "기자가 신하인
가? 제왕적 시장"〉.《미디어오늘》. https://www.mediatoday.
co.kr/news/articleView.html?idxno=313759

대구광역시 보도자료. 2023.05.01.〈홍준표 대구광역시장 "취재의 자유
가 있다면, 취재 거부의 자유도 있다"〉. https://info.daegu.go.kr/
newshome/mtnmain.php?mtnkey=articleview&mkey=scatelist&
aid=259926&bpage=1&stext

대구광역시 보도자료. 2023.05.09.〈대구광역시 이종헌 신공항건설본
부장, 대구MBC 보도국장 등 고소〉. https://info.daegu.go.kr/
newshome/mtnmain.php?mtnkey=articleview&mkey=dsearchlis
t&mkey2=2&aid=260060&bpage=1&stext=%B0%ED%BC%D
2&stext2=3

대구광역시 보도자료. 2023.11.13.〈대구광역시, 대구MBC 시사톡톡 관

련 기자 등 고발〉. https://info.daegu.go.kr/newshome/mtnmain.
php?mtnkey=articleview&mkey=scatelist&aid=262848&bpage=
1&stext=

대구MBC. 2023.04.30. 〈대구MBC시사톡톡 [405회]TK신공항, 새로운
하늘길인가? 꽉 막힌 길인가?〉. https://dgmbc.com/programme/
waKZ6svwW1bIhn-uRKS/p/zw8V9/single/48623/page/3

박성동. 2023.11.03. 〈"언론 길들이기 · 탄압"… 7개월째 대구MBC 취
재거부 규탄〉. 《기자협회보》. https://www.journalist.or.kr/news/
article.html?no=54769

박승희. 2007.06.01. 〈"취재 거부의 자유 있다"〉. 《중앙일보》. https://
www.joongang.co.kr/article/2746215#home

박지은. 2023.05.09. 〈대구시, 대구MBC 취재거부 이어 보도국장 · 기자
고소〉. 《기자협회보》. http://www.journalist.or.kr/news/article.
html?no=53609

박형준. 2005.09.01. 〈홍보처 "악의적 보도 언론과 특별회견 하지 말
라"〉. 《동아일보》. https://www.donga.com/news/article/
all/20050901/8224373/9?comm=

백경열. 2024.01.31. 〈법원, 홍준표 '언론취재 제한' 제동… "대구MBC
취재 방해 잘못"〉. 《경향신문》. https://www.khan.co.kr/national/
national-general/article/202401311401001

윤영균. 2023.11.29. 〈[뉴스+] "홍준표 시장의 언론 탄압, 최악 향해

달려가고 있다"〉.《대구MBC》. https://dgmbc.com/article/
kYpwLlrauv8LDVMBdzqV

이덕기. 2022.11.10.〈홍준표 "취재의 자유가 있다면 취재 거부의 자유도
있다"〉.《연합뉴스》. https://www.yna.co.kr/view/AKR2022111
0103200053

이보희. 2022.11.10.〈홍준표 "'취재의 자유' 있다면 '취재 거부의 자유'
도 있어"〉.《서울신문》. https://www.seoul.co.kr/news/newsView.
php?id=20221110500135

이정기. 2022.《대한민국 표현 자유의 현실 2》. 서울: 커뮤니케이션북스.

이정기. 2023.《대한민국 표현 자유의 현실 3》. 서울: 커뮤니케이션북스.

이태우. 2023.10.30.〈[심층] "대구MBC 신공항 보도, 편파 아니다"
경찰, 명예훼손 '무혐의'…대구시는 사과해야〉.《대구MBC》.
https://dgmbc.com/article/kXaMVjrWUGjZ8SZtEZh5R6

이현미·김병관·이복진. 2022.11.11.〈"책임의식 있어야" "언론 탄
압"… 'MBC 전용기 탑승 불허' 논란〉.《세계일보》. https://www.
segye.com/newsView/20221110519470?OutUrl=naver

최현정. 2005.09.07.〈청와대 "언론 탄압? 진보매체까지 왜 이래?"〉.
《동아일보》. https://www.donga.com/news/Culture/article/
all/20050907/8226487/9

한선무. 2024.01.31.〈대구시 상대 대구MBC 출입·취재방해 금지 가처
분신청 일부 인용〉.《연합뉴스》. https://www.yna.co.kr/view/AK

R20240131101000053?input=1195m

─── **10** ───

김동환. 2023.09.11. 〈'야 이놈들아, 내가 언제 동상 세워 달라 했나'…
홍범도 장군의 절규 담은 시 게재〉.《세계일보》. https://www.
segye.com/newsView/20230901505588?OutUrl=naver

김시연. 2023.09.12. 〈'왜놈'이 혐오발언? 페이스북, '홍범도 장군의 절
규' 삭제 논란〉.《오마이뉴스》. https://www.ohmynews.com/
NWS_Web/View/at_pg.aspx?CNTN_CD=A0002960499

김시연. 2023.09.21. 〈'반일' 공격한 윤 대통령, '왜적' 쓰지 말라는 페
북… 참 공교롭다〉.《오마이뉴스》. https://www.ohmynews.com/
NWS_Web/View/at_pg.aspx?CNTN_CD=A0002963574

노민호. 2023.08.26. 〈국방부, 육사 '독립군 흉상' 철거 논란에 "국
군 뿌리서 배제 아냐"〉.《뉴스원》. https://www.news1.kr/
articles/5151955

민병선. 2023.06.17. 〈게시글 사라지고 '좋아요' 뚝… 요즘 페북이
이상하다〉.《민들레》. https://www.mindlenews.com/news/
articleView.html?idxno=3643

박영규. 2023.09.01. 〈'왜 마음대로 세워놓고 철거한다고 난리?'…홍
범도 장군의 절규〉.《노컷뉴스》. https://www.nocutnews.co.kr/

news/6005077

서라백. 2023.06.15. 〈정치풍자가 '혐오발언'?… 페이스북, 캐리커처 게시물 일방 차단〉. 《굿모닝충청》. http://www.goodmorningcc.com/news/articleView.html?idxno=290816

신대원. 2023.08.25. 〈광복회 "육사 흉상 철거 모멸감…일제, 민족정기 훼손 같아"〉. 《헤럴드경제》. http://news.heraldcorp.com/view.php?ud=20230825000561

양소리. 2023.08.15. 〈[전문] 윤석열 대통령 제78주년 광복절 경축사〉. 《뉴시스》. https://www.newsis.com/view/?id=NISX20230815_0002414155&cID=10301&pID=10300

원다라. 2023.09.11. 〈"이놈들아, 내가 언제 동상 세워 달라 했나"… 42년간 홍범도 연구한 독립 후손의 한 맺힌 시〉. 《한국일보》. https://www.hankookilbo.com/News/Read/A2023090110310000036?did=NA

이태두. 2023.09.12. 〈[토크와이드] "흉상 철거 결정은 역사 쿠데타"…홍범도 장군의 '절규'〉. 《대구MBC》 https://dgmbc.com/article/9ShKyUgP0yIAPtri2GTV7E

조미덥 · 신주영. 2023.08.16. 〈윤 대통령 광복절 경축사 후폭풍…야당 "'굴복절, 치욕의 연설"〉. 《경향신문》. https://www.khan.co.kr/politics/assembly/article/202308161704001

최유경. 2023.10.25. 〈우원식 "홍범도 흉상 이전 취소가 민생의 시작"…

야 4당 결의안 발의〉. 《KBS》. https://news.kbs.co.kr/news/pc/view/view.do?ncd=7801687&ref=A

—— 11 ——

국가인권위훤회. 2023.11.02. 〈국회의장에게, 언론중재법 임시조치는 신중한 검토가 필요하다는 의견표명〉. https://www.humanrights.go.kr/base/board/read?boardManagementNo=24&boardNo=7609586&menuLevel=3&menuNo=91

김승남 등 15인. 2023.06.29. 〈[2122955] 언론중재 및 피해구제 등에 관한 법률 일부개정법률안〉. https://likms.assembly.go.kr/bill/billDetail.do?billId=PRC_X2W3U0D6B2A6Z1H4I0G4H0G3O5P4N6

김용민 등 10인. 2021.06.23. 〈[2111047] 언론중재 및 피해구제 등에 관한 법률 일부개정법률안〉. https://likms.assembly.go.kr/bill/billDetail.do?billId=PRC_E2N1Q0N6Q2W3S1J4I3I7X4R5A3F9K1

이현미. 2021.08.19. 〈허위·조작보도 기준 불분명… 5배 징벌적 손배도 유례 없어 [與, 언론중재법 강행]〉. 《세계일보》. https://n.news.naver.com/article/022/0003611501?sid=100

조현호. 2023.06.21. 〈정의당 "언론 길들이기, 국힘이든 민주당이든 마찬가지"〉. 《미디어오늘》. https://www.mediatoday.co.kr/news/articleView.html?idxno=310766

한지혜. 2022.11.16. 〈고민정 "군사정권 언론 탄압, 자유 지키겠다"… 민주 언론자유특위 출범〉. 《중앙일보》. https://www.joongang.co.kr/article/25118102

───── **12** ─────

이정기. 2023. 《대한민국 표현 자유의 현실 3》. 서울: 커뮤니케이션북스.

대한민국 언론 자유의 현실

초판인쇄 2024년 3월 20일
초판발행 2024년 3월 20일

지은이 이정기
펴낸이 채종준
펴낸곳 한국학술정보(주)
주 소 경기도 파주시 회동길 230(문발동)
전 화 031-908-3181(대표)
팩 스 031-908-3189
홈페이지 http://ebook.kstudy.com
E-mail 출판사업부 publish@kstudy.com
등 록 제일산-115호(2000. 6. 19)

ISBN 979-11-7217-179-7 03330

이담북스는 한국학술정보(주)의 학술/학습도서 출판 브랜드입니다.
이 시대 꼭 필요한 것만 담아 독자와 함께 공유한다는 의미를 나타냈습니다.
다양한 분야 전문가의 지식과 경험을 고스란히 전해 배움의 즐거움을 선물하는 책을 만들고자 합니다.